中国古代乱世王朝

徐潜 主编

吉林文史出版社

图书在版编目（CIP）数据

中国古代乱世王朝 / 徐潜主编 . —长春：吉林文史
出版社，2013.3（2023.7 重印）

ISBN 978-7-5472-1506-7

Ⅰ.①中… Ⅱ.①徐… Ⅲ.①中国历史-古代
史-通俗读物 Ⅳ.①K220.9

中国版本图书馆 CIP 数据核字（2013）第 062874 号

中国古代乱世王朝
ZHONGGUO GUDAI LUANSHI WANGCHAO

主　　编	徐　潜
副主编	张　克　崔博华
责任编辑	张雅婷
装帧设计	映象视觉
出版发行	吉林文史出版社有限责任公司
地　　址	长春市福祉大路 5788 号
印　　刷	三河市燕春印务有限公司
版　　次	2013 年 3 月第 1 版
印　　次	2023 年 7 月第 4 次印刷
开　　本	720mm×1000mm　1/16
印　　张	13
字　　数	250 千
书　　号	ISBN 978-7-5472-1506-7
定　　价	45.00 元

序　言

　　民族的复兴离不开文化的繁荣，文化的繁荣离不开对既有文化传统的继承和普及。这套《中国文化知识文库》就是基于对中国文化传统的继承和普及而策划的。我们想通过这套图书把具有悠久历史和灿烂辉煌的中国文化展示出来，让具有初中以上文化水平的读者能够全面深入地了解中国的历史和文化，为我们今天振兴民族文化，创新当代文明树立自信心和责任感。

　　其实，中国文化与世界其他各民族的文化一样，都是一个庞大而复杂的"综合体"，是一种长期积淀的文明结晶。就像手心和手背一样，我们今天想要的和不想要的都交融在一起。我们想通过这套书，把那些文化中的闪光点凸现出来，为今天的社会主义精神文明建设提供有价值的营养。做好对传统文化的扬弃是每一个发展中的民族首先要正视的一个课题，我们希望这套文库能在这方面有所作为。

　　在这套以知识点为话题的图书中，我们力争做到图文并茂，介绍全面，语言通俗，雅俗共赏。让它可读、可赏、可藏、可赠。吉林文史出版社做书的准则是"使人崇高，使人聪明"，这也是我们做这套书所遵循的。做得不足之处，也请读者批评指正。

编　者

2012 年 12 月

目 录

一、春秋战国——风起云涌　　　　　　/ 1

二、三国两晋南北朝——群雄并立　　/ 29

三、五代十国——乱世风雨　　　　　　/ 71

四、宋代——文治兴盛　　　　　　　/ 105

五、辽金西夏——边域称雄　　　　　/ 153

春秋战国——风起云涌

春秋战国是我国历史上重要的时期。这一时期诸侯并起，天下纷争不断，井田制的逐渐瓦解以及铁器的普遍使用，使得土地私有制成为可能。各诸侯国的变法都顺应了时代潮流，促进了社会的进步和经济的发展，奠定了封建经济最终确立的基础。思想上出现百家争鸣的繁荣局面，文学、艺术方面也多有佳作传世。频繁的战争使得百姓流动性加强，促进了华夏民族的融合，增强了民族凝聚力。

一、政治局势

春秋战国是我国历史上重要的时期。春秋战国时期烽烟弥漫，诸侯并起，天下纷争不断，井田制的逐渐瓦解以及铁器的普遍使用，使得土地私有制成为可能。诸侯国势力日益壮大，周天子的统治地位荡然无存。各国的变法都顺应了时代潮流，促进了社会的进步和经济的飞速发展，奠定了封建经济最终确立的基础。思想上出现"百家争鸣"的繁荣局面，文学、艺术方面也多有佳作传世。频繁的战争使得百姓流动性加强，促进了华夏民族的融合，增强了民族凝聚力。

春秋战国时期，诸侯争霸战争破坏了奴隶制的旧秩序，给人民带来了灾难和痛苦。但战争加快了统一进程，促进了民族融合，也加快了变革的步伐。随着新兴地主阶级力量的壮大，他们在各诸侯国先后展开了变法运动，新的封建制度终于建立起来。

（一）分封制与宗法制

在西周时期，分封制与宗法制是紧密结合在一起的两种政治制度，春秋时期，由于生产力的提高，使得耕作速度明显加快，很大程度上冲击着这两种根本的政治制度。

1. 分封制

诸侯争霸战争破坏了奴隶制的旧秩序，但也加快了社会变革的步伐。首先受到冲击的就是传统的分封制。

分封制度萌芽于夏朝，盛行于西周时期，它是国君将田邑赐给宗室臣属作为俸禄的制度。周天子把王族、功臣和先代的贵族分封到各地去做诸侯，建立起诸侯国，一旦被封，世代相传，即实行世袭制。受封的诸侯在封地内不但享有行政统治权，而且拥有对土地和人口的管理权，但受封的诸侯必须对周天子尽一定的义务。各诸侯国的义务是要服从周天子的命令，定期向周天子贡献财物并派兵随从周王作战，接受周王之命，出兵保卫王室或征伐反叛者等，同时对周王的婚丧嫁娶、巡狩等也要尽义务。诸侯国享有的这些权利为日后分封制的继续实行埋下了隐患。周王先后分封的诸侯国有鲁、齐、燕、卫、宋、晋等。

春秋时期，周王室日益衰微，各大诸侯国为争夺土地、人口以及对其他诸侯国的支配权，不断进行大规模的兼并战争，形成诸侯争霸的局面。公元前651年，齐桓公召集诸侯在葵丘会盟，周襄王派代表参加，盟约的主要内容是：不准壅塞水源；不准因别国灾荒而不卖给粮食；不准更换太子；不准以妾代妻；不准让妇女参与国家大事。这些内容，有些是各国在经济上互相协作的要求，有些是维护宗法统治秩序的需要。这是齐桓公多次召集诸侯会盟中最盛大的一次，通过葵丘的盛会，齐桓公终于达到了联合诸侯、称霸中原的目的，这也标志着齐桓公的霸业达到顶峰，标志着分封制的崩溃。

分封制体现了"溥天之下，莫非王土；率土之滨，莫非王臣"的天下一统政治局面，各封国具有保卫王畿、保护国君绝对安全的义务，这和西周时期经济发展水平低、政治不平衡、文化差异较大的情形相适应，有一定的进步意义。但是，由于各诸侯国在封地上拥有绝对的统治权而变成了大大小小的独立王国。在一定的条件下，这些王国演变成完全独立的国家，直接或间接地威胁国君的安全，酿成了列国争霸、互相兼并、国君权力衰微、大权旁落，最后导致完全分裂的政治局面。春秋争霸局面的形成，可以说是分封制发展的必然产物。

2. 宗法制

"宗法"是以血缘关系为纽带调整家族内部关系，维护家长、族长的统治地位和世袭特权的行为规范，是一种宗族之法，也称族规。它源于氏族社会末期父系家长制的传统习惯。西周初期，周公"制礼作乐"，把原有的宗族之法系统化，并制定出了一套完整的宗法制度。

宗法制的核心是嫡长子继承制，即正妻所生的长子为法定的王位继承人。

3

我国夏朝时就已确立王位世袭制，但也有"父死子继"和"兄终弟及"的区别。商朝末年完全确立了嫡长子继承制。西周一开始就确立了"立嫡以长不以贤，立子以贵不以长"的嫡长子继承制，从而进一步完备了宗法制。

西周的宗法制是和分封制紧密结合在一起的。天子按嫡长子继承制世代相传，是天子"大宗"，其他不能继承王位的庶子、次子也是王族，分封为诸侯，他们是从属"大宗"的"小宗"。这些诸侯也是按嫡长子继承的原则世代相传，非嫡长子则由诸侯分封为卿大夫。诸侯对于这些卿大夫来说，又是"大宗"，依此类推。大夫以下又有士，士是贵族阶级的最底层，不再分封。在这样的情形下，在全国范围内形成了以天子为根基的宗法系统。宗法制的目的在于保护奴隶主贵族的政治特权、爵位和财产权不致分散或受到削弱，同时也有利于维系统治阶级内部的秩序，加强对奴隶和平民的统治。宗法制对后世产生了极大的影响。

（二） 变法图强

春秋战国时期各国相继进行的改革，推动着土地制度的不断演变。首先进行变法改革的是魏国。魏文侯即位后，任用李悝进行变法，其主要内容有：一、充分发挥土地的潜力，以提高粮食的产量，增加收入，保障了农业经济的不断发展。二、把爵位赐给有功于国家的人，剥夺无功于国家的人的爵位，这样就打击了旧贵族的势力，维护新兴地主阶级的政治利益。三、制定《法经》，进一步巩固封建政权，防止和镇压人民群众的反抗斗争，维护剥削阶级的政治和经济利益。经过李悝变法，魏国在战国初期成为最强盛的国家。

继魏改革的是楚国。楚悼王即位后，励精图治，奋发图强，恰在这时，吴起弃魏奔楚，被楚悼王任为宛(今河南南阳)守，不久升任为令尹(相当于其他国家的相)，主持变法。吴起变法的主要内容是：第一，限制封君。吴起取消了分封的宗室、贵族、外戚、功臣的高官厚禄以及他们世代相袭的特权。规定：凡封君之子孙三世无功，则取消他们的封君之号，不再享有封君的特权。第二，精简机构，裁汰官员，削减官俸，从而提高了行政效率，保证了改革的进行。第三，加强对军队的训练，严格执行赏罚制度，在战争中"进有重赏，退有重刑"。经过上述改革，楚国由弱转强，迅速发

展起来，出现了"南平百越，北并陈蔡，却三晋，西伐秦"的强盛局面，各诸侯国均为之震惊。

公元前350年，商鞅将国都由栎阳(今陕西富平)迁至咸阳，以适应向东发展的需要，为进一步实行变法打下了良好的基础。从此秦国日益富强，为后来统一六国的战争开辟了道路。商鞅变法使封建制在秦国得到了巩固和发展，促使了秦国政治、经济、军事的快速发展，使秦国成为战国七雄中实力最强的国家，为统一六国创造了条件。但商鞅变法触犯了一些旧贵族的利益，引起旧贵族的强烈不满，因此公元前338年秦孝公死后，商鞅被车裂处死。但新法已深入人心，不可动摇。

二、经济发展

春秋战国时期，铁器的使用和牛耕的推广，标志着社会生产力的显著提高。我国的封建经济得到了进一步发展，其中北方成就尤为突出。生产力的飞跃发展引起了生产关系的革命。春秋战国时期，井田制（公田）逐渐为封建土地私有制所取代，并最终通过各国变法确立了下来。农业、手工业得到了进一步发展，新兴的商业城市不断涌现。

（一）井田制的瓦解和私有制的产生

井田制的逐渐崩溃和土地私有制的迅速发展，是春秋战国时期土地制度改革的两个重要方面，它们之间存在着此消彼长的关系。

1. 井田制逐渐瓦解

井田制是我国古代社会的土地国有制度，西周时盛行。所谓"井田"，就是具有一定规划、亩积和疆界的方块田。长、宽各百步的方田叫一"田"，一田的亩积为百亩，作为一"夫"，即一个劳动力耕种的土地。井田规划各地区不一致。有些地方采用十进制，有些地方则以九块方田叫一"井"。把九块方田摆在一起，恰好是一个"井"字形，井田的名称就是这样来的。周朝实行井田制，既作为诸侯百官的俸禄等级单位，又作为控制奴隶的计算单位。井田制下的土地一律不准买卖，只能由同姓依照嫡庶的宗法关系去继承。耕种井田的农业奴隶也随着土地隶属于奴隶主阶级所有，终生不得离开土地。

西周的各级统治者把井田分为三类。他们把位于河流附近、背山向阳的平

展土地成千块、上万块地留给自己，叫"公田"。因为公田的面积很大，所以也叫"大田"，驱使奴隶集体耕种。距离城市较近的郊区土地，以田为单位分给和统治者同族的普通劳动者耕种。这部分人因为住在"国"(即城市)里，叫"国人"。国人不负担租税只负担军赋和兵役。这部分人是奴

隶社会里的普通平民，他们表面上不受剥削，是自食其力的劳动者。但是，奴隶社会的掠夺战争是十分频繁的，他们经常被征调去打仗，自己家里的田园都荒芜了，大多数都破产负债。打了胜仗，掠夺来的土地和财富全归统治者所有；打了败仗，还有被俘沦为奴隶的危险，困苦不堪。奴隶主把距离城市较远、土质贫瘠的坏田，分给住在野外的庶人。庶人因住在野外，所以也叫"野人"，奴隶主阶级瞧不起他们，认为他们最愚蠢，所以也管他们叫"氓"。庶人没有任何权利，只有给奴隶主耕种井田和服其他杂役的义务。他们每年要先在奴隶主的大田上劳动，然后才准许去耕种自己作为维持最低生活水准的那一小块土地。

在长期饱受奴役的情况下，公元前841年，发生了一次具有重大历史意义的革命事件，西周都城镐京的"国人"发动暴动，赶走了周厉王，成为西周衰落的转折点，也是我国历史上有确切纪年的开始。西周的衰落，标志着井田制逐步走向瓦解。

2. 私有制的迅速发展

井田制在变革中彻底被废除了，伴随而来的是封建土地所有制的建立及飞速发展，推动了土地制度的极大变革。促使井田制迅速瓦解的一个最重要的原因就是土地私有制的迅速发展。早在西周中期，就有个别贵族为了额外榨取庶民的剩余劳动，强迫庶民开垦井田以外的空地。这样开垦出来的田地，不可能是方方正正的，也不可能有一定的亩积，这种瞒着公室、不缴纳赋税的私有土地，叫做私田。到西周末期，私田的存在已相当普遍。开辟和耕种私田，需要大批劳动力，而用奴隶制的办法已不能调动生产者的劳动积极性。于是，一些顺应新形势的贵族为了调配劳动人手，便改变剥削方式，如向民众征赋税使小斗，把粮食贷给民众用大斗；采取扩大地亩，而不增税额的办法，收买民心。这样，奴隶们纷纷从公室逃往私门，封建依附关系产生了。存在于这种封建依附关系下的奴隶，虽然他们的身份还不是自由的，却不同于庶民。他们可以占有少量的生产资料，独立经营农业和与农业有关的家庭副业，他们已经是封建农民的前驱了。奴隶的逃亡，使一些国家的公田变成了荒原，井田制再也维持不下去了。公元前594年，鲁国实行"初税亩"，正式废除井田制，承认私田的合法性。

（1）私田产生

从考古发掘出的文献资料可以推断，铁器的使用始于西周中晚期。春秋时期铁器使用比较广泛，到战国时期，铁农具的使用已经相当普遍，其坚硬与锋利程度标志着我国铁器时代的到来。

春秋战国时期，牛耕已经非常普遍了，耕作效率大大提高，这是我国农业技术史上的一次伟大的动力革命，意义重大。

较多地使用铁农具和牛耕的推广，极大地提高了生产力，许多荒地被开垦为良田，耕作技术由粗放转向精耕细作，农业产量大增。私田数量的急剧增加，宣告了井田制的崩溃，土地关系向私有化发展。诸侯不得不陆续实行改革，承认土地私有，允许土地买卖，向土地所有者征收田税，自耕农的生产积极性高涨。

（2）结果及实质

私田的出现宣告了井田制的瓦解，耕种奴隶转变为封建农民，私田主人成为封建地主。封建土地所有制的剥削方式产生，让劳动者交出大部分产品，可保留一部分生活用品。私田出现的实质就是生产力的发展导致生产关系的变革。

（二）新的赋税制度出现

春秋时期的财政改革，首先在齐国进行。齐国是东方的一个大国。周庄王十二年(公元前685年)，齐桓公即位，任用管仲改革内政。其中，在田制、田赋方面实行相地衰征，即根据土地好坏或远近分成若干等级，按等级征收田赋(土地税)。由于税赋大体均等，从而调动了生产积极性，也有利于缓和阶级矛盾。

齐国改革财政的同时，晋国也进行了改革。晋惠公六年（公元前645年)秦晋之间发生战争，晋惠公被俘。晋国在大臣的主持下"作爰田"，即把休耕地卖给大家，以获得民众的欢心，争取有更多的人服军役。这种办法，开创了以后按军功赐予田宅的先例。

鲁宣公十五年(公元前594年)，鲁国正式推翻过去按井田征收赋税的旧制度，改行"初税亩"。初，是开始的意思；税亩，就是按照土地亩数对土地征税。即不分公田、私田，凡占有土地者均须按亩交纳土地税。井田之外的私田，从此也开始纳税。这是三代以来第一次承认私田的合法性，是一个很大的变化。

上述这些改革充分说明奴隶社会的赋税制度已不适应社会生产力发展的需要，它在各国已经开始崩溃。随着新的封建生产关系的形成，一种新的、适合封建生产关系需要的国家赋税制度开始形成。

（三）商品经济的发达

1. 青铜铸造工艺：青铜器上的雕镂纹饰趋向细致工整，造型轻巧灵便，出现了错金铭文。存世的吴、越青铜剑，其冶铸淬炼之精、合金技术之巧、外镀之精良、花纹之铸造，皆世所罕见。从出土文物看，春秋时期最著名的是莲鹤方壶。

2. 冶铸业：中国最迟在战国早期已创造铸铁柔化处理技术，已能把生铁铸件经过柔化处理变为可锻铸铁(即韧性铸铁)，这又早于欧洲两千三百多年，欧洲要迟至封建社会末期才开始应用这种技术。当时我国由于生铁冶铸技术的发明，铁的生产率大为提高；又由于铸铁柔化处理技术的创造，使得白口铁铸造的工具变为韧性铸铁，大大提高了工具的机械性能。冶铁技术得到高度发展，表明当时生产力水平很高，这就可能引起生产关系的变革，促使封建社会较早地形成。

3. 漆工艺：春秋战国以后，漆器工艺日益繁荣。春秋时期的漆器开始使用金属附件，并有镶嵌金贝和压花金箔的作品。战国时期数量大增，发现地域广泛，最多的是河南、湖南、湖北地区的楚国漆器和四川青川等地战国晚期的秦国漆器。

4. 纺织业：麻布纤维相当细密。

5. 煮盐业：山西的池盐、山东的海盐、四川的井盐。

6. 酿酒业：用曲造酒，"曲"就是我们现在说的酒曲，是指专门用于蒸馏酒酿造的麦曲。

（四）商业城市涌现

春秋战国时期，由于商品经济的发展，商业城市大批涌现，其中最为著名的当属齐国的临淄、楚国的郢和赵国的邯郸。

（五）水利工程的兴修

1. 芍陂

春秋时期楚相孙叔敖修的芍陂，是我国最早的蓄水灌溉工程。因水流经过芍亭而得名。工程在安丰城（今安徽省寿县境内）附近，位于大别山的北麓余脉，东、南、西三面地势较高，北面地势低洼，向淮河倾斜。每逢夏秋雨季，山洪暴发，形成涝灾；雨少时又常常出现旱灾。当时这里是楚国北疆的农业区，粮食生产的丰歉，对当地的军需民用影响极大。孙叔敖根据当地的地形特点，组织当地人民修建工程，将东面的积石山、东南面龙池山和西面六安龙穴山流下来的溪水汇集于低洼的芍陂之中。修建五个水门，以石质闸门控制水量，水位上涨时就开闸疏导，水位下降时就关闸蓄水，这样不仅天旱有水灌田，又避免了水多洪涝成灾。后来又在西南开了一道子午渠，上通淠河，扩大芍陂的灌溉水源，使芍陂达到"灌田万顷"的规模。

2. 西门豹渠

战国初期的魏国西门豹渠，由西门豹主持兴建，也称"引漳十二渠"，是中国最早的多首制灌溉工程。战国时期魏国邺城的漳河经常发生水灾，吞没庄稼，冲毁房屋，当地百姓不堪其苦。邺城在当时也是一个重要的军事要地，于是魏文侯就派西门豹去做邺令。西门豹来到邺城，目睹一片荒凉，内心十分难过。在经过详细的询问调查之后，西门豹发动人民开凿了十二条渠道，引河水灌溉农田，成功消除了水灾。漳水十二渠是我国多首制引水工程的创始，"多首"

是指从多处引水，所以渠首也有多个。"十二渠"即修筑十二个渠首引水。漳水是多沙河流，多首引水正是为适应这种特点而创造的。多沙河流因泥沙的淤积变化，常使主流摆动迁徙，不能与渠口相对应，无法引水，多设引水口门，就可以避免这样的弊端。另外，如果一条或一组引水渠淤浅了，还可以用另一条或另一组引水渠来引水清淤。漳水渠设计合理，不但有引灌、洗碱、泄洪的作用，而且易于清淤修护，反映出当时农田灌溉方式的进步。直到汉初，漳水渠仍有很好的灌溉功效。

3. 都江堰

都江堰建于公元前256年，是战国时期秦国蜀郡太守李冰及其子率众修建的一座大型水利工程，是全世界至今为止，年代最久、唯一留存、以无坝引水为特征的宏大水利工程。两千二百多年来，始终发挥巨大效益，实为文明世界的伟大杰作。成都平原之所以能够如此富饶，被人们称为"天府之国"，从根本上说，是李冰创建都江堰的结果。都江堰水利工程由创建时的鱼嘴分水堤、飞沙堰溢洪道、宝瓶口引水口三大主体工程和百丈堤、人字堤等附属工程构成。科学地解决了江水自动分流、自动排沙、控制进水流量等问题，消除了水患，造福于百姓。

4. 郑国渠

水工郑国在秦修的郑国渠。郑国渠是最早在关中建设的大型水利工程，战国末年在秦国穿凿，秦始皇元年（公元前246年）由韩国水工郑国主持兴建，约十年后完工。位于今天的泾阳县西北25公里的泾河北岸。它西引泾水东注洛水，长达三百余里（灌溉面积号称4万顷）。泾河从陕西北部群山中冲出，流至礼泉就进入关中平原。郑国渠充分利用了关中平原西北高、东南低的地形特点，在礼泉县东北的谷口开始修干渠，使干渠沿北面山脚向东伸展，很自然地把干渠分布在灌溉区最高地带，不仅最大限度地控制灌溉面积，而且形成了全部自流灌溉系统，可灌田四万余顷。郑国渠开凿以来，由于泥沙淤积，干渠首部逐渐填高，水流不能入渠，历代以来在谷口地方不断改变河水入渠处，但谷口以下的干渠渠道始终不变。郑国渠的作用不仅仅在于它发挥灌溉效益一百余年，而且还在于它首开了引泾灌溉之先河，对后世引泾灌溉有着深远的影响。

由此可见，春秋时期的经济是空前繁荣的，其原因归结起来主要有以下几个方面：第一，新的社会制度的确立推动了社会经济的发展。第二，统治者励精图治，不断锐意创新，调整统治政策，制定并实行发展经济的奖励措施。第三，民族融合的趋势加强。第四，农耕工具和耕作技术的改进、水利工程的兴修都带动了经济的发展。综上所述，春秋战国时期经济的快速发展，为秦朝的建立奠定了坚实的经济基础。

春秋战国——风起云涌

三、群雄争霸

（一）春秋五霸

从公元前 770 年到前 476 年，历史上称为春秋时代。在这二百九十多年间，烽烟四起，战火连天。春秋初期诸侯列国共一百四十多个，经过连年兼并，到后来只剩下较大的几个。这些大国之间还互相攻伐，争夺霸权。历史上把先后称霸的这五个诸侯叫做"春秋五霸"，即齐桓公、宋襄公、晋文公、秦穆公和楚庄王。另一种说法是齐桓公、晋文公、楚庄王、吴王阖闾、越王勾践。到春秋时期，周王室的地位下降，"礼乐征伐由天子出"转为"礼乐征伐由诸侯出"，诸侯的势力越来越强大，周天子越来越依附于这些强大的诸侯，于是强大的诸侯迫使其他各国承认其霸主的地位。

1. 齐桓公称霸

齐襄公死后，公子小白继位，是为齐桓公。齐桓公励精图治，锐意进取，任用管仲为相，进行全方位的改革。提出"尊王攘夷"的口号。"尊王攘夷"，就是尊重周朝王室，承认周天子的共同领袖的地位，联合各诸侯国，共同抵御戎、狄等部族对中原的侵扰。"尊王"在当时是一面"正义"旗帜，在此旗号下，齐国打败山戎，保护燕国；击退楚国，保护中原，在诸侯国中威望大增。齐国借"尊王"之名，行争霸之实。

齐桓公能够率先称霸的原因，首先是齐国背山面海，是东方的一个大国，

有丰富的鱼、盐和矿藏资源，为其争霸提供了有利的自然条件和经济条件。其次，齐国任用管仲为相，改革内政，提倡节俭，发展生产，改革军制。这是齐桓公称霸成功的根本原因。第三，齐国采取灵活务实的外交政策，积极开展对外活动。公元前 651 年，齐桓公在葵丘（今河南兰考）召集诸侯会盟，当时周天子也派代表参加，表示认可，齐桓

公正式确立了自己的霸主地位。

2. 晋楚争霸

接着称霸的是晋文公。公元前633年，楚成王率领楚、郑、陈等国军队围攻宋国都城商丘（今河南商丘县南），宋国派人到晋国求救。晋文公采纳了部下的正确意见，争取了齐国和秦国参战，壮大了自己的力量。而后，又改善了同曹、卫的关系，孤立了楚国。这时，楚国令尹（官名）子玉大怒，发兵进攻晋军。

晋文公为了避开楚军的锋芒，以便选择战机，命令部队向后撤退九十里。古代军队行军三十里叫做一舍，九十里就是三舍。晋军"退避三舍"，后撤到卫国的城濮（山东省）。城濮离晋国比较近，补给供应很方便，又便于会合齐、秦、宋等盟国军队，集中兵力。公元前632年，晋楚两军开始决战。晋军诱敌深入，楚军陷入重围，全部被歼。城濮之战创造了在军事上先退让一步，后发制人的先例。此后，晋文公请来周襄王，在践土（今河南广武）和诸侯会盟。周天子册封晋文公为"侯伯"（诸侯之长），并赏赐他黑红两色弓箭，表示允许他有权自由征伐。晋文公从此成为中原霸主。

3. 楚庄王称霸

在齐国称霸时，楚国因受齐国抑制停止北进，转而向东吞并了一些小国，国力逐渐强盛。齐国衰落后，楚国便向北扩张与晋国争霸。公元前598年，楚庄王率军在邲（今河南郑州）与晋军大战，打败晋军。中原各国背晋向楚，楚庄王又成为中原霸主。

4. 吴越争霸、秦霸西戎

吴国、越国相继强大，争霸于东南。公元前494年，吴王夫差进攻越国，围困越王勾践于会稽（今浙江绍兴），迫使越国屈服。接着又打败齐军。公元前482年，在黄池（今河南封丘附近）与诸侯会盟，争得了霸权。越王勾践自被吴国打败后，卧薪尝胆，立志报仇，经过几十年努力，转弱为强，灭了吴国。勾践乘势北进，与齐、晋等诸侯会盟于徐（今山东滕州），成为霸主。晋国称霸的时候，西部的秦国也强大起来。秦穆公企图向东争霸中原，但由于向东的通路为晋所阻，便向西吞并了十几个小国，在函谷关以西一带称霸，史称"称霸西戎"。

春秋战国——风起云涌

诸侯大国争霸，说明了周朝王权的削弱。自公元前770年平王东迁洛邑（今河南省洛阳市）以后，周朝王室更加衰微。从前是天子统帅诸侯，"礼乐征伐自天子出"。现在这些权力都落到诸侯手里，新兴地主阶级纷纷起来夺权。周朝奴隶制处于"礼坏乐崩"的境地。

各诸侯国的统治者为了扩大地盘，掠夺人口和财富，相互争战，故有"春秋无义战"之说。争霸战争给广大人民带来深重的苦难，人民怨恨战争，渴望统一。但争霸战争的客观后果是大国拓展了疆域，实现了区域性的统一，加强了集权的趋势，加快了统一的步伐。同时又不同程度地削弱了奴隶主集团的势力，便利了新兴地主阶级的发展。战争又客观上促使华夏族同其他各族加强接触，促进了民族融合。

（二）战国七雄

当秦始皇的先祖正在积极改革，大力发展秦国经济之时，与它相邻的超级大国晋国正在悄悄发生着分化。到公元前403年，曾经称霸中原数年之久的晋国分裂成了韩、赵、魏三国，史称"三家分晋"。"三家分晋"在历史上具有非同寻常的历史意义，它被看做由春秋时代进入战国时代的标志性事件。也就是说从公元前403年开始，历史从此进入了战国时代。就在晋国衰落之际，秦国已经慢慢成为一个大诸侯国。

三家分晋是指春秋末年，晋国被韩、赵、魏三家瓜分的事件。一向被称为中原霸主的晋国，到了春秋末期，国君的权力也衰落了，实权由六家大夫把持。

他们各有各的地盘和武装，互相攻打。后来有两家被打散了，还剩下智家、赵家、韩家、魏家。这四家中，又以智家的势力最大。后在相互的征讨中，赵、韩、魏三家灭了智家，不但把智伯瑶侵占两家的土地收了回来，连智家的土地也由三家平分。以后，他们又把晋国留下的其他土地也瓜分了。公元前403年，韩、赵、魏三家打发使者上洛邑去见周威烈王，要求周天子

把他们三家封为诸侯。周威烈王就把三家正式封为诸侯。至此，韩（都城在今河南禹县，后迁至今河南新郑）、赵（都城在今山西太原东南，后迁至今河北邯郸）、魏（都城在今山西夏县西北，后迁至今河南开封）都成为中原大国，加上秦、齐、楚、燕四个大国，历史上称为"战国七雄"。

春秋战国时期，诸侯割据纷争，但这其中又孕育着统一的必然趋势，民族融合的趋势大大加强。这主要是因为：第一，从经济条件来说，由于春秋以来生产力的提高，社会经济迅速发展，各地的经济联系在一定程度上加强，四方的物产都运到中原地区进行交换，这给统一提供了必要的经济基础。第二，人们渴望统一，农民厌恶割据和混战带来的负担和苦难；工商业者因混战割据限制其发展而要求统一；地主阶级希望建立一个强有力的中央集权的封建国家以保护封建地主经济的发展，统一成为全社会的共同愿望。第三，从民族关系上说，经过春秋战国长期的民族交往和融合，华夏民族形成了一个相当稳定的民族，具有较强的凝聚力。第四，经过长期的争霸战争和兼并战争，大国吞并小国，弱肉强食，改变了大国之间的均势，诸侯国数目减少，形成了区域性的稳定和局部的统一，为大一统提供了条件。所以说春秋战国时期孕育着大一统的必然趋势，为秦王朝的建立奠定了坚实的基础。

四、思想文化的繁荣

春秋战国时期，文化空前繁荣，主要表现在思想、文学、艺术、天文物理和医学等方面。

（一）思想

1. 儒学大师孔子

孔子（前551—前479），名丘，字仲尼，春秋末期鲁国人，我国古代伟大的教育家、政治家和思想家，儒家学派的创始人。

（1）《论语》。《论语》是记录孔子及其弟子言行的书，共20篇，孔子的思想精华都集中呈现于《论语》一书中。《论语》以对话文体为主，语言简洁精练，至今仍被世人视为至理。

（2）在孔子的诸多思想中，"仁"是孔子思想的核心。孔子对仁有许多解释，如"仁者，爱人""己所不欲，勿施于人"，他主张以爱人之心调解和协调社会人际关系。在教育思想方面，孔子主张"有教无类"，即受教育者不应分贵贱、贤愚，应该机会均等。这一思想打破了教育的等级界限，扩大了教育对象，使教育范围扩展到广大平民，打破了官府教育一统天下，只允许贵族垄断文化

教育的局面，为教育的传播和普及奠定了基础，这在当时无疑具有重大的进步意义。在教育方法上，孔子主张"因材施教"，对不同的学生采取不同的教育方法，这种循循善诱的启发式教育在我国教育史上具有重要地位。教学内容上，孔子长期从事教育工作，以"五经"作为基本内容，又融入自己的教学思想，内容十分广泛。

2. 哲学大师老子

老子（约前600—前470），姓李名耳，字伯阳，楚国苦县（今河南周口鹿邑县）人，是我国古代伟大的哲学家和思想家，道家学派创始人。老子又名老聃，相传

他一生下来就是白眉毛白胡子，所以被称为老子；老子生活在春秋时期，著有《道德经》。《道德经》含有丰富的辩证法思想，老子也因其深邃的哲学思想而被尊为"中国哲学之父"。

老子主张"无为"，即清净自守之义，通过对"道"的潜心修身达到"合乎道"的理想境界。老子的政治境界是"邻国相望，鸡犬之声相闻，民至老死不相往来"，即我们常说的"小国寡民"。老子用"道"解释宇宙万物的演变，认为"道生一，一生二，二生三，三生万物"，"道"即为客观规律，同时具有独立不改的永恒意义。老子的学说对中国哲学发展具有深刻影响，其内容主要见《老子》这本书。他的哲学思想和由他创立的道家学派，不仅对我国古代思想文化的发展作出了重要贡献，而且对我国思想文化的发展产生了深远的影响。

3. 法家大师韩非子

韩非（约前281—前233），战国晚期韩国人，是中国古代著名的哲学家、思想家和散文家，法家思想的集大成者，世称"韩非子"。韩非原为韩国贵族，与李斯同师荀卿。韩非口吃，但他善于写作，且继承和发展了荀子的法术思想，同时又吸取了他以前的法家学说，比较各国变法得失，提出"以法为主"，法、术、势结合的理论，集法家思想之大成。著有《孤愤》《五蠹》等一系列文章，这些作品后来集为《韩非子》一书。

4. 墨家大师墨子

墨子（约前468—前376），名翟，今河南省平顶山市人，是我国战国时期著名的思想家，墨家学派的创始人，著有《墨子》一书，影响极为深远，与儒家并称"显学"。

墨子创立了墨家学说，主张"兼爱""非攻"，这是墨子思想的核心。墨子认为天下之所以存在强欺弱、富侮贫、贵傲贱的现象，是因天下人不相爱所致，因此提倡君臣、父子、兄弟都要在平等的基础上互敬互爱。

墨子主张尚同尚贤。尚同是要求百姓与天子皆上同于天志，上下一心，实行义政。尚贤则包括选举贤者为官吏，选举贤者为天子国君。墨子认为，国君必须选举国中贤者，而百姓理应在公共行政上对国君有所服从。墨子要求上面了解下情，因为只有这样才能赏善罚暴。墨子把尚贤看得很重，认为这是政事之本。他特别反对君主用骨肉之亲，对于贤者则不拘出身，提出"官无常贵，民无终贱"的主张，对后世乃至现在都具有不可忽视的指导作用。墨子提倡节葬，认为君主、贵族都应该清廉俭朴，墨子在这方面也是身体力行。

5. 兵家大师孙子

孙子，名武，字长卿，春秋末期齐国乐安（今山东惠民县）人。所著《孙子兵法》，总结了春秋末期以及以前的战争经验，总结了若干有科学价值的作战指导原则，首次揭示了比较系统的战略战术原则与"知己知彼，百战百胜"的战争规律，讲求合理用兵，灵活主动，出奇制胜，既要沉着冷静，又要勇猛果断。在地形、侦察以及军队纪律和教育各方面，也提出一些重要原则。在中国乃至世界军事史上都是一部不朽的军事著作。

（二）文学

1.《诗经》

《诗经》是我国第一部诗歌总集，共305篇。最初称《诗》，被汉代儒者奉为经典，乃称《诗经》，也称《诗三百》。《诗经》里的内容，就其原来性质而言，是歌曲的歌词，绝大部分是西周至春秋中叶的诗歌。《诗经》分为风、雅、颂三部分。风包括十五国风，大部分是黄河流域的民间乐歌；雅分为《大雅》

和《小雅》，是宫廷乐歌；颂一共40篇，是宗庙用于祭祀的乐歌和舞歌。《诗经》不仅是最早的诗歌总集，而且也是一部反映当时社会面貌的百科全书。《诗经》开创了我国古代诗歌创作的现实主义传统，是我国"现实主义"诗歌传统的源头及代表作，对我国文学的发展有深刻影响，在中国文化史和世界文化史上都占有重要地位。

2. 屈原和《离骚》

屈原，（约前340—约前278），战国末期楚国人，中国最伟大的浪漫主义诗人之一，我国著名诗人和伟大的政治家，在我国文学史上占有崇高的地位，也是世界文化名人之一。屈原采用楚国方言，利用民歌的形式，开创了诗歌新体裁——"楚辞"。

《离骚》是屈原的代表作，也是屈原作品中最长的一首叙事诗，共 373 句，诗人把深厚真挚的感情和丰富的想象融入作品中，叙述了自己为实现政治主张所遭受的打击和迫害，深刻表达了自己内心的痛苦以及对楚国和楚国人民的忠贞和热爱。楚国兵败城破，诗人精神上受到了极大的打击，眼看国破之难，却又无法施展自己的力量，他忧心如焚，在极端失望和痛苦中，诗人来到了长江东边的汨罗江，抱石自沉。据传五月初五屈原投江之后，一直为江中蛟龙所困，百姓无不为之动容，故每年的这一天必定会向江中投下缠绕五色丝线的粽子，以驱赶蛟龙。这也就是我们每年"端午节"吃粽子的由来。

3. 诸子散文

所谓"诸子"，是指春秋战国时期诸家学派的代表人物。春秋战国时期主要学派有：儒家，代表人物是孔丘、孟轲、荀子；墨家，代表人物是墨翟、宋钘；法家，代表人物是商鞅、韩非；道家，代表人物是老聃、庄周；农家，代表人物是许行、陈相；名家，代表人物是公孙龙；杂家，代表人物是吕不韦；纵横家，代表人物是苏秦、张仪；此外，还有阴阳家、小说家。诸子的代表作品有《论语》《孟子》《荀子》《墨子》《老子》《庄子》《韩非子》等。

先秦诸子的文章各有特色，在文学史上影响最大的是孟子和庄子。孟子的文风以刚柔相济的辩证见长，在议论文中善于运用比喻。庄子的散文文字优美，想象丰富。他的代表作有《逍遥游》《秋水》等，都是古代文学作品中的名篇，对后世文学的发展有深刻影响，在中国文学史上占有重要地位。

（三）艺术的发展

1. 绘画

春秋战国时，绘画已成为一门独立的艺术。长沙楚国遗址出土的《妇女凤鸟图》和《御龙图》是我国现存最古老的帛画，也可佐证当时绘画艺术的精湛。

2. 音乐

我国古代的宫廷音乐素来以宏大的规模和雄伟的气魄著称于世。春秋时期，王室独占音乐文化的局面已经一去不返，各国乐师适应各诸侯国统治者的享乐需要，开拓出一个较之前代更大发展、范围更加广阔的音乐天地。乐器的种类也是多种多样，有钟、磬、鼓、瑟、竽、排箫等。湖北随州出土的整套青铜编钟，四川成都出土的战国青铜器"嵌错赏功宴乐铜壶"，是我国古代音乐艺术的瑰宝，说明春秋战国时期我国音乐已达到很高的水平。

(四)天文和物理

1. 天文

春秋战国时期，天文学取得了相当高的成就。鲁国的天文学家在对天象的观测中，观测到 37 次日食，其中 33 次已经被证明是可靠的。现在世人通称的哈雷彗星，早在公元前 613 年就被载入鲁国的史书《春秋》中，这是世界上关于哈雷彗星最早的记录。而西方一直到 1682 年才由哈雷发现，比中国晚了两千多年。

战国时期还出现了天文学专著，如齐国的天文学家甘德著的《天文星占》和魏国人石申著述的《天文》，后人将这两部著作合为一部，称作《甘石星经》。这是我国也是世界上现存最早的一部天文学著作。甘德还用肉眼发现了木星的卫星，比意大利天文学家伽利略在 1609 年用天文望远镜发现该星早两千多年。石申发现了日食、月食是天体相互掩盖的现象，这在当时也是难能可贵的。为了纪念石申，月球上有一座环形山就是以他的名字命名的。

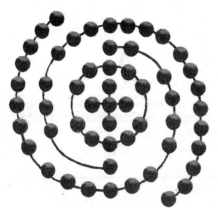

2. 物理

在物理学方面，《墨子》中的《墨经》记载了大量的物理学知识。其中有对杠杆原理和浮力理论的叙述，还有对声学和光学的记载，反映了春秋战国时期物理学发展的重大成就。

(五)医学

春秋战国时代的医学由于文化的空前繁荣，也得到了相当快的发展。其中最具代表性的当属扁鹊和他的"四诊法"。

扁鹊（前407—前310），姓秦，名越人，齐国渤海莫（今河北任丘）人，战国时代名医。扁鹊是中国传统医学的鼻祖，对中医药学的发展有着特殊的贡献。

扁鹊治病行医有"六不治"原则：一是依仗权势，骄横跋扈的人不治；二是贪图钱财，不顾性命者不治；三是暴饮暴食，饮食无常者不治；四是病深不早求医者不治；五是身体虚弱不能服药者不治；六是相信巫术不相信医道者不治。扁鹊在总结前人医疗经验的基础上创造出望（看气色）、闻（听声音）、问（问病情）、切（按脉搏）的诊断疾病的方法。在这四诊法中，扁鹊尤擅长望和切。当时，扁鹊的切脉技术高超，名扬天下。扁鹊在诊视疾病中，已经应用了中医全面的诊断技术，即后来中医总结的四诊：望诊、闻诊、问诊和切诊，当时扁鹊称它们为望色、听声、写影和切脉。这些诊断技术，充分地体现在史书记载的他的一些治病案例中。他精于望色，通过望色判断病症及其病程演变和预后。最典型的例证就是扁鹊见蔡桓公。他晋见蔡桓公时，通过望诊判断出桓公有病，但是病情尚浅，只停留在肌肤表面。他劝桓公接受治疗，如不治则病情将会加深。桓公自我感觉良好，拒绝治疗。不久，扁鹊再度晋见桓公时，指出其病情已加重，病位已进展到血脉，再次劝说其接受治疗，以免病情进一步发展。桓公仍然拒绝治疗，心中不悦，认为扁鹊在炫耀自己，并以此牟利。当扁鹊第三次晋见他时，认为病情已经恶化，病位进入到肠胃，如不及时治疗，终将难治。桓公仍不予理睬。最后一次，扁鹊通过望诊，判断桓公病情危重，已进入到骨髓深处，病入膏肓，无法救治。果然不出所料，桓公不久即发病，终于不治而死。此病例说明扁鹊当时已经能很好应用望诊，而且诊断水平相当高。扁鹊年轻时虚心好学，刻苦钻研医术，积累了丰富的医疗经验，为百姓解除痛苦，故赵国劳动人民送他"扁鹊"的称号，以赞扬他精湛的医术。

五、春秋小典故

（一）亡羊补牢

这个故事出自《战国策》。战国时代，楚国有一个大臣，名叫庄辛，有一天他对楚襄王说："您在宫里面的时候，左边是州侯，右边是夏侯；出去的时候，鄢陵君和寿陵君又总是随从着您。您和这四个人奢侈淫乐，不管国家大事，郢（楚都，在今湖北省江陵县北）一定会很危险！"襄王听了，怒骂道："你老糊涂了吗？故意说这些险恶的话惑乱人心？"庄辛不慌不忙地回答说："我确实预感到事情一定会发展到这个地步的，不敢故意说楚国有什么不幸。但如果您一直宠信这些人，楚国一定要灭亡的。您既然不信我的话，请允许我到赵国躲一躲，看事情究竟会怎样。"庄辛到赵国才住了五个月，秦国果然派兵侵楚，襄王被迫流亡到阳城（今河南息县西北）。这时才觉得庄辛的话不错，赶紧派人把庄辛找回来，问他有什么办法；庄辛很诚恳地说："我听说过，看见兔子想起猎犬，这还不晚；羊跑掉了才补羊圈，也还不迟。"这是一则很有意义的故事，只知道享乐，不知道如何做事，其结果必然是惨败。"亡羊补牢"这句成语，便是根据上面两句话而来的，表明处理事情发现错误之后，如果赶紧去挽救，时间还来得及。

（二）一鸣惊人

战国时代，齐国有一个名叫淳于髡的人。他的口才很好，也很会说话。他常常用一些有趣的隐语，来规劝君主，使君主不但不生气，而且乐于接受。当时齐国的威王，本来是一个很有才智的君主，他在即位以后，却沉迷于酒色，不管国家大事，每日只知道饮酒作乐，把国家大事都交给大臣去办理，自己则不闻不问。

因此，政治腐败，官吏们贪污失职，各国的诸侯也都趁机来侵犯，使得齐国濒临灭亡的边缘。齐国的一些爱国之士虽然都十分担心，却都因为畏惧齐王，所以没有人敢劝谏。淳于髡想了一个计策，准备找个机会来规劝齐威王。有一天，淳于髡见到了齐威王，就对他说："大王，为臣有一个谜语想请您猜一猜：齐国有只大鸟，住在大王的宫廷中，已整整三年了，可是他既

不振翅飞翔，也不鸣叫，只是毫无目的地蜷缩着，大王您猜，这是一只什么鸟呢？"齐威王本是一个聪明人，一听就知道淳于髡是在讽刺自己。但他并不是一个昏庸的君王，沉思了一会儿，毅然决定要振作起来，做一番轰轰烈烈的事业，因此他对淳于髡说："这一只大鸟，你不知道，它不飞则已，一飞就会冲到天上去；它不鸣则已，一鸣就会惊动众人，你慢慢等着瞧吧！"从此齐威王不再沉迷于饮酒作乐，而是开始整顿国事。结果全国上下很快就振作起来，到处充满蓬勃的朝气。

（三）狐假虎威

战国时代，在楚国最强盛的时候，楚宣王曾为了当时北方各国都惧怕他的大将昭奚恤的事情而感到奇怪。因此他便问朝中大臣，这究竟是为什么。当时，有一位名叫江乙的大臣，向他叙述了下面这段故事："从前在某个山洞中有一只老虎，因为肚子饿了，便跑到外面寻觅食物。当它走到一片茂密的森林时，忽然看到前面有只狐狸正在散步。它觉得这正是个千载难逢的好机会，于是，便一跃身扑过去，毫不费力地将狐狸擒过来。可是当它张开嘴巴，正准备把那只狐狸吃进肚子里的时候，狡黠的狐狸突然说话了：'哼！你不要以为自己是百兽之王，便敢将我吞食掉；你要知道，天帝已经命令我为王中之王，无论谁吃了我，都将遭到天帝极严厉的制裁与惩罚！'老虎听了狐狸的话，半信半疑，可是，当它斜过头去，看到狐狸那副傲慢镇定的样子，心里不觉一惊。原先那股嚣张的气焰和盛气凌人的态势，竟不知何时已经消失了大半。虽然如此，它心中仍然在想：我因为是百兽之王，所以天底下任何野兽见了我都会害怕。而它，

竟然是奉天帝之命来统治我们的！这时，狐狸见老虎迟疑着不敢吃它，知道它对自己的那一番说词已经有几分相信了，于是便更加神气十足地挺起胸膛，指着老虎的鼻子说：'怎么，难道你不相信我说的话吗？那么你现在就跟我来，走在我后面，看看所有野兽见了我，是不是都吓得魂不附体，抱头鼠窜。'老虎觉得这个主意不错，便照着去做了。于是，狐狸就大模大样地在前面开路，而老虎则小心翼翼地在后面跟着。它们走没多久，就隐约看见森林的深处，有许多小动物正在那儿争相觅食，但是当它们发现走在狐狸后面的老虎时，不禁大惊失色，四散奔逃。这时，狐狸很得意地掉过头去看老虎。老虎目睹这种情形，不禁也有一些心惊胆战，但它并不知道野兽们怕的是自己，而以为它们是怕狐狸呢！狡狐之计是得逞了，可是它的威势完全是因为假借虎威，才能凭借一时有利的形势去威胁群兽。而那可怜的老虎被人愚弄了，自己还不自知呢！因此，北方人民之所以畏惧昭奚恤，完全是因为大王的兵权掌握在他的手里，也就是说，他们畏惧的其实是大王的权势呀！"从上面这个故事，我们可以知道，凡是借着权威的势力欺压别人，或者凭借职务上的便利作威作福的，都可以用"狐假虎威"来形容。

（四）毛遂自荐

在战国的时候，有权有势的人很喜欢供养一些有才能的人，以增强自己的势力，在需要有人出主意的时候，就让他们策划谋略，替自己解决问题。这样

的人被称作食客，也叫门下客。赵国的平原君势力庞大，家中养了几千名食客。其中有位叫毛遂的食客，待了三年，都没有什么特别的贡献，平原君虽然觉得很奇怪，却也没有埋怨，任由他在家中吃住。后来，赵国的国都邯郸被秦军包围，情势非常危急。于是赵王派平原君到楚国，劝说楚王和赵国合作，共同出兵对抗秦国。平原君回家后，准备从食客中选出20个文武全才的人一同前往，可是选来选去只有19人合格，还差一个人。平

原君正伤脑筋，毛遂突然走上前对平原君说："我是最适合的人选，愿意跟从公子前往。"平原君说："有才能的人在人群中，就好像一把锋利的锥子放在袋子里，立刻就会穿破袋子，显露锋芒。而你在我这三年，却没有杰出的表现，我看你还是留下吧！"毛遂回答："我是现在才要进入袋子里，不然我这把锥子早就穿破袋子，显露出它的锋利，而且连锥柄都要穿出

袋子了。"平原君一时之间也找不到合适的人选，于是就带着毛遂等20人赶往楚国。见到楚王，平原君说明了局势和利害得失，费尽口舌，却都无法说服楚王，同行的19名食客也没有办法说服楚王。正当大家无计可施之时，毛遂手按宝剑，走到楚王面前说："大王的性命现在掌握在我的手中！楚国有几百万精兵，然而在上次的战役中却被秦国几万人的军队打败，夺去了许多城池与土地，连我们赵国都替你们感到羞愤。赵国提议两国联合抗秦，是在替你们楚国报仇。"楚王听了觉得毛遂说得有理，再加上毛遂拿着宝剑威胁，就同意结盟，订下和约。并立刻发兵支持赵国，解了邯郸之围。从此，平原君不敢再小看毛遂，而是把他当做上宾招待。

（五）杞人忧天

从前在杞国，有一个胆子很小，而且有点神经质的人，他常会想到一些奇怪的问题，让人觉得莫名其妙。有一天，他吃过晚饭以后，拿了一把大蒲扇，坐在门前思量，并且自言自语地说："假如有一天，天塌了下来，那该怎么办呢？我们岂不是无路可逃，而将被活活地压死，这不就太冤枉了吗？"从此以后，他几乎每天为这个问题发愁、烦恼，朋友们见他终日精神恍惚，脸色憔悴，都很替他担心，但是，当大家知道原因后，都跑来劝他说："老兄啊！你何必为这件事自寻烦恼呢？天空怎么会塌下来呢？再说即使真的塌下来，那也不是你一个人忧虑发愁就可以解决的啊，想开点吧！"可是，无论人家怎么说，他都不相信，仍然时常为这个不必要的问题担忧。后来的人就将上面这个故事引申为"杞人忧天"这句成语，它的主要意义在于提醒人们不要为一些不切实际的

事情而忧愁。

（六）买椟还珠

春秋时代，楚国有一个专门卖珠宝的商人，有一次他到齐国去兜售珠宝，为了使珠宝畅销，特地选用名贵的木料，造成许多小盒子，把盒子雕刻装饰得非常精致美观，使盒子会发出一种香味，然后把珠宝装在盒子里面。有一个郑国人，看见装宝珠的盒子既精致又美观，问明了价钱后，就买了一个，打开盒子，把里面的宝物拿出来，退还给珠宝商。人们借这个成语批评郑国人只重外表而不顾实质，使他做出了舍本求末的不当取舍。

（七）抱薪救火

战国时代，魏国经常受到秦国的侵略。魏国的安釐王即位后，秦国加紧了进攻，魏国连连战败。安釐王元年，秦国进攻魏国，魏国失去了两座城镇；第二年，魏国又失去了三座城镇。不仅如此，秦国的军队当时还直逼魏国的都城，形势十分危急。韩国派兵来救，但也被秦军打败。魏国没有办法，只得割让了土地，才算了结了战争；可是到了第三年，秦国又发动进攻，强占了魏国的两座城镇，并杀死了数万人。第四年，秦国更把魏、韩、赵三国的军队打得大败，杀死兵士 15 万人，魏国的大将芒卯也因此失踪。魏国军队的接连败北，使安釐王坐卧不安。此时，魏国军队的另一位大将段干子也十分恐惧，为了苟安，便向安釐王建议，把南阳割给秦国，请求罢兵议和。安釐王本来就对秦军的进攻十分害怕，以为割让土地就可以求得太平，便照着段干子的话做了。当时有个

叫苏代的人，是一贯主张"合纵抗秦"的苏秦的弟弟，他极力主张各诸侯国联合起来抵抗秦国。苏代得知魏国割地求和的事后，就对安釐王说："侵略者贪得无厌，你这样用土地换取和平是根本不可能的，只要你国土还在，就无法满足侵略者的欲望。这好比抱着柴草去救火，柴草一把一把地投入火中，火怎么能扑灭呢？柴草一天不烧完，火是一天不会

熄灭的。"但安釐王不肯听从苏代的话，仍然一味割地求和，这样没过多少年，魏国就被秦国灭了。

（八）三人成虎

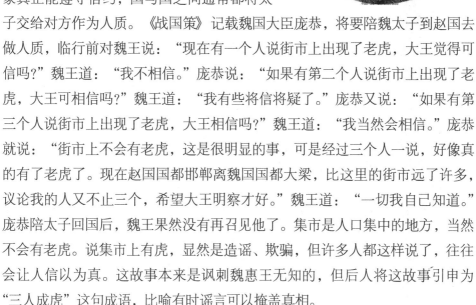

战国时代，诸侯国互相攻伐，为了使大家真正能遵守信约，国与国之间通常都将太子交给对方作为人质。《战国策》记载魏国大臣庞恭，将要陪魏太子到赵国去做人质，临行前对魏王说："现在有一个人说街市上出现了老虎，大王觉得可信吗？"魏王道："我不相信。"庞恭说："如果有第二个人说街市上出现了老虎，大王可相信吗？"魏王道："我有些将信将疑了。"庞恭又说："如果有第三个人说街市上出现了老虎，大王相信吗？"魏王道："我当然会相信。"庞恭就说："街市上不会有老虎，这是很明显的事，可是经过三个人一说，好像真的有了老虎了。现在赵国国都邯郸离魏国国都大梁，比这里的街市远了许多，议论我的人又不止三个，希望大王明察才好。"魏王道："一切我自己知道。"庞恭陪太子回国后，魏王果然没有再召见他了。集市是人口集中的地方，当然不会有老虎。说集市上有虎，显然是造谣、欺骗，但许多人都这样说了，往往会让人信以为真。这故事本来是讽刺魏惠王无知的，但后人将这故事引申为"三人成虎"这句成语，比喻有时谣言可以掩盖真相。

（九）上下其手

春秋时期楚襄王二十六年，楚国出兵侵略郑国。以当时楚国的强大，弱小的郑国实在没有能力抵抗，结果，郑国战败，郑大夫皇颉也被楚将穿封戌俘虏了。战事结束后，楚军中有楚王弟公子围，想冒认俘获郑大夫皇颉的功劳，说郑皇颉是他俘获的，于是穿封戌和公子围二人发生了争执，彼此都不肯让步，一时没有办法解决。后来，他们便请伯州犁作公证人，判定这是谁的功劳。伯州犁的解决办法本来是很公正的，他主张要知道这是谁的功劳，最好是问问被俘的郑皇颉。于是命人带了郑皇颉来，伯州犁便向他说明原委，接着手伸二指，

春秋战国——风起云涌

27

用上手指代表楚王弟公子围，用下手指代表楚将穿封戌，然后问他是被谁俘获的。郑皇颉因被穿封戌俘虏，很是恨他，便指着上手指，表示是为公子围所俘虏。于是，伯州犁便判定这是公子围的功劳。"上下其手"这句成语便是出自这个故事，表示欺瞒作弊、颠倒是非。

（十）一暴十寒

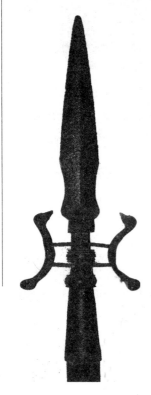

战国时代，百家争鸣，游说之风，十分盛行。一般游说之士，不但有高深的学问、丰富的知识，尤其是以深刻生动的比喻讽劝执政者的特点最为突出。孟子也是当时的一个著名辩士。在《孟子》中有这样的记载：孟子对齐王的昏庸、做事没有长性、轻信奸佞谗言很不满，便不客气地对他说："大王很不明智，天下虽有生命力很强的生物，可是你把它在阳光下晒了一天，然后又放在阴寒的地方冻了十天，它哪里还活得成呢！我跟大王在一起的时间是很短的，大王即使有了一点从善的决心，可是我一离开你，那些奸臣又来哄骗你，你又会听信他们的话，叫我怎么办呢？"后来人们便将孟子所说的"一日暴之，十日寒之"精简成"一暴十寒"这句成语，用来比喻求学、做事没有恒心，半途而废的人和事。

三国两晋南北朝——群雄并立

　　三国是中国历史上东汉与西晋之间的历史时期。在这个时期里，天下三分，如三足鼎立，有曹魏、泰始元年，司马炎取代曹魏，自立为帝，国号晋，定都洛阳，史称西晋。建武元年，司马睿在建业重建晋朝，史称东晋。东晋王朝灭亡后，南方先后出现了宋、齐、梁、陈四个朝代，与北方的北魏、东魏、西魏、北齐、北周等合成南北朝。

一、三国

三国（220—280 年）是中国历史上东汉与西晋之间的历史时期。在这个时期里，天下三分，如三足鼎立，有曹魏（魏国）、蜀汉（蜀国）、东吴（吴国）三个政权。

（一）曹魏

汉献帝延康元年（220 年），曹操去世，世子曹丕即位为魏王。

汉灵帝中平四年（187 年）冬，曹丕生于谯（秦置县，在今安徽亳县）。自幼聪明，博学多才，熟悉经史百家之书，8 岁即能挥笔为文了。

东汉末年，爆发了轰轰烈烈的黄巾大起义。为了镇压起义军，朝廷下放兵权，命令州郡地方官招兵买马。黄巾起义被镇压之后，这些地方官拥兵自重，成了割据一方的军阀，开始争夺地盘，混战不已。后来，曹操统一了中国北方，被汉献帝封为魏王。曹操大权在握，说一不二，汉献帝只是一名傀儡。

如今，曹丕即位为王，离九五之尊的皇帝只有一步之遥了。他不甘心只是称王，决心迈出这最后一步。于是，他授意华歆等人去许昌逼汉献帝退位。

汉献帝做了 30 多年的挂名皇帝，被逼退位后，被贬为山阳公，14 年后病逝。

曹丕称帝，建立魏朝，史称曹魏。

265 年，司马昭之子司马炎废了魏帝曹奂，自立为帝，国号晋，定都洛阳，史称西晋。曹魏历五帝，共 46 年。

（二）蜀汉

刘备是涿郡涿县（今河北涿县）人，本是汉朝中山靖王的后代，早年曾随大儒读过书。

刘备虽出身高贵，但到他这一辈已经没落了。父亲去世后，家境困窘，曾以贩履织席为业。

刘备胸怀大志，专好结交天下豪侠之士。汉灵帝末年，刘备曾随官军镇压黄巾起义，开始了戎马生涯。前后投靠过曹操和袁绍，深受器重。袁绍失败后，刘备到荆州投靠刘表，被安排在新野驻扎。汉献帝建安十二年（207年），刘备三顾茅庐请出诸葛亮担任军师，率军和东吴孙权联合，在赤壁大败曹操。

刘备既定益州后，有人建议将成都城内的屋舍楼阁和城外的田园土地分赐有功将士，赵云反对说："益州人民，初罹兵革，田宅皆可归还，令安居复业，然后可役调，得其欢心。"刘备接受了这个意见，让百姓安居乐业，大力扶植和发展农业经济。

诸葛亮对冶铁、煮盐、纺织等重要手工业实行公营，并设立专职官员加强管理，使国家税收大大增加，出现了国富兵强的喜人景象。

蜀地的冶炼业极为发达，出了许多冶炼高手。名匠蒲元所制的钢刀削铁如泥，被称为"神刀"。钢刀制成后，为了检验钢刀的锋利程度，蒲元在大竹筒中装满铁珠，然后举刀猛劈，只见钢刀落处，竹筒内的铁珠都一分为二了。

由于深得民心，蜀汉延续了40多年。在这40多年中，诸葛亮治国约20年，是蜀汉政治的前期，也是最辉煌的时期。接着，蒋琬、费祎受诸葛亮重托，执政约二十年，继续诸葛亮的政策，保持了蜀汉政治前期的优点。在蜀汉政权的最后几年中，后主刘禅忘记了父亲和诸葛亮的嘱咐，吃喝玩乐，沉湎酒色，以致朝政混乱，迅速灭亡了。

炎兴元年（263年），魏灭蜀之战开始，刘禅投降，被封为安乐公。

蜀汉历二帝，共43年。

（三）东吴

黄巾起义时，吴郡富春（今浙江富阳）人孙坚随朱儁到中原镇压黄巾军，因功封为破虏将军。

三国两晋南北朝——群雄并立

孙坚是我国军事家孙武的后代，曾担任过县丞，爱护百姓，尊重读书人，极有声望。

　　董卓入朝乱政后，孙坚参加讨伐董卓的关东联军，身先士卒，攻入洛阳，意外拾到了汉献帝丢失的传国玉玺。

　　孙坚是袁术的部下，也是袁术的爱将。在奉命进攻荆州刺史刘表时，被刘表部将黄祖射死。

　　孙坚死后，长子孙策统领其众。孙策自幼胸怀大志，不甘屈居人下。汉献帝兴平元年（194年），孙策向袁术献玉玺，借得三千兵马，脱离袁术向江东发展。在周瑜等人的帮助下，孙策占领了江东六郡。汉献帝建安五年（200年），孙策出游打猎，被仇家许贡的门客刺杀。

　　孙策死后，其弟孙权统领其众。

　　孙权方面大耳，双目炯炯有神。好读书，宽宏大量，深受属下的拥戴。

　　孙权虚怀若谷，勇于纳谏，常说："天下没有纯白的狐狸，却有纯白的狐裘，这是集众狐而成的。合众人之力，无敌于天下；合众人之智，无畏于圣人。"

　　孙权解决了这两大困难后，便专心发展农业生产，兴修水利。

　　江南农耕技术十分落后，不会用牛代耕。中原地区连年征战，北方人民纷纷携家渡江避难，给江南带来了先进的生产技术。江南农业生产技术逐渐提高，粮食大大增产了。

　　东吴位于江南，水路发达，造船技术极高。所造战船最大的上下五层，能容纳士兵三千人。海船经常北航辽东，南通南海诸国。孙权黄龙二年（230年），东吴的万人船队浩浩荡荡到达台湾，这是与台湾联系的最早记录。

　　晋武帝咸宁五年（279年）冬，西晋灭吴之战开始。次年三月，晋军攻下建业，吴帝孙皓出降，东吴灭亡。

　　东吴历四帝，共69年。

二、两晋

晋朝分为西晋（265—316 年）与东晋（317—420 年）两个时期。泰始元年（265 年），司马炎取代曹魏，自立为皇帝，国号晋，定都洛阳，史称西晋，共传四帝 52 年。建武元年（317 年），司马睿在建业重建晋朝，史称东晋，共传十一帝 104 年。东西两晋总计 156 年。

（一）西晋

三国两晋南北朝——群雄并立

曹丕只做了六年皇帝，因患伤寒病逝，史称魏文帝。

曹丕死后，儿子曹叡即位，史称魏明帝。魏明帝十分荒淫，抢占民间美女，搜罗奇珍异宝，大兴土木，营造宫室苑囿，弄得国库空虚，百姓怨声载道。曹魏开始衰落了。

司马懿才智过人，能文能武，深得曹丕信任，被任命为尚书、太尉，掌管了魏国的军政大权。

魏明帝景初三年（239 年），魏明帝在临死前，将魏国托付给司马懿和曹爽二人，让他们共同辅佐年仅 8 岁的儿子齐王曹芳做皇帝。

大将军曹爽是皇帝的本家，也是曹魏政权里最有权威的人物，他特别妒忌司马懿，认为司马懿对他们曹家的天下是个威胁。

司马懿为了自保，在暗中加紧了夺权的步伐。齐王曹芳正始十年（249 年）正月，曹爽陪同皇帝到皇陵去祭祀先帝，大小官员奉命跟随。

司马懿见有机可乘，以迅雷不及掩耳之势发动政变，将曹爽灭族，他的党羽也全遭杀害。此后，曹氏政权逐渐转变成司马氏政权了。

司马懿在政变两年后就死了，他的儿子司马师、司马昭相继执政。

曹芳左右的人见司马氏专权，心中愤愤不平，劝曹芳趁司马昭入见时杀掉他，再用他的兵攻杀司马师。曹芳同意了，并写好了诏书，但又不敢发出。他正在犹豫时，走漏了消息。于是，司马师发动了第二次政变，说曹芳荒淫无度，没资格当皇帝，让他回到封国去当他的齐王去了。

曹芳走后，司马师改立东海王曹霖之子高贵乡公曹髦为帝。

过了两年，魏元帝咸熙二年（265年），司马昭的儿子司马炎逼迫元帝禅位，自己做了皇帝，建立了晋朝。

司马炎建立晋朝后，执行和平国策，推行仁政，让百姓休养生息，扩大生产。他下诏在全国释放奴婢，并组织起来代替士兵屯田，增强了国力。

司马炎在曹魏奢靡腐败风气的基础上反对贪腐，提倡廉洁。他在位26年，没有再修建宫殿，多次下诏严格禁止奢靡。有一天，他到大臣王济家参加宴会，看到饭菜精美，器具华丽，感到很不适应，没等宴会结束就离开了。他不喜欢华衣锦食的生活，以浪费挥霍为耻。

统一江南后，司马炎提出对江东百姓免除20年的赋役，江东百姓欢呼雀跃。后来，西晋灭亡，东晋能在江南站住脚，与江东百姓感激司马炎有重要关系。

司马炎执行占田制，允许百姓占田百亩。由于没有土地兼并，国内太平，出现了盛世景象，有"天下无穷人"的民谣。因此，百姓把司马炎和前汉仁君汉文帝相比，受到上下一致的爱戴。

西晋历四帝，共52年。

（二）东晋

西晋末年，匈奴贵族刘渊建立的汉国崛起于北方。刘渊死后，他的儿子刘聪先后攻破洛阳、长安，俘虏了晋怀帝、晋愍帝，灭了西晋。

第二年，即晋元帝建武元年（317年），晋朝皇族司马睿依靠士族领袖王导的支持，在建康做了皇帝，重新建立了晋朝。历史上把这重建的晋朝称为东晋，司马睿史称晋元帝。

司马睿是司马懿曾孙琅琊王司马觐的儿子，人极聪明。他额骨隆起，目光如电，人们都说他有帝王之相。

当初，司马睿曾与东海王司马越的参军王导结为至交。王导是世家子弟，极有政治远见。他见晋室诸王同室操戈，天下大乱，便劝当时在洛阳担任左将军的司马睿回封国去坐观天下之变，以图大业。

不久，匈奴内侵，北方局势恶化，王导又劝司马睿向朝廷申请移镇江南。

晋怀帝永嘉元年（307 年），朝廷调司马睿为安东将军，移镇建业。

西晋灭亡后，司马睿在南方正式称帝。司马睿称帝后，将建业改为建康，因"业"与晋愍帝司马邺的"邺"字同音。

王导做了宰相，执掌朝政。

东晋时期，南方纺织业比较发达，养蚕技术也提高了。豫章等地一年蚕可四五熟，永嘉等地一年可达八熟。

晋恭帝元熙二年（420 年），刘裕废掉晋恭帝，自己做了皇帝，东晋灭亡了。

东晋历十一帝，共 104 年。

三、十六国

西晋灭亡后，北方黄河流域成为各少数民族的逐鹿之地。直至东晋灭亡，中原从未被东晋所收复，国家一直未能统一。这一历史时期，北方出现了 20 多个小国，大多是少数民族建立的。其中主要的有十六国，史称"五胡十六国"。

（一）成汉

西晋的腐朽统治和混战给百姓造成无穷无尽的灾难，再加上连年天灾，许多农民被迫离开故乡，成群结队地逃荒。这种逃荒的农民被称为"流民"。

晋惠帝元康八年（298 年），关中地区闹了一场大饥荒，略阳（治所在今甘肃天水东北）、天水等六郡十几万流民逃荒到蜀地，氐族人李特和他兄弟李庠、李流也跟着流民一起逃荒。一路上，流民中有挨饿的、生病的，李特兄弟常常接济他们，流民都很感激。

蜀地离中原地区较远，百姓生活比较安定。流民进入蜀地后，分散在各地给富户打工。

益州刺史罗尚不同情这些流民，要把他们赶回关中去。他还在流民必经之路上设立关卡，准备抢夺流民的财物。

流民听说官府要他们离开蜀地，都发起愁来。因为家乡正在闹饥荒，回去也无法过活。

流民向李特诉苦，李特挺身而出，多次向官府请求放宽遣返流民的期限。流民听说后，纷纷前来投奔李特。

李特在绵竹设了一个大营收容流民，流民越聚越多，不到一个月就聚集了两万多人。他的弟弟李流也设营收容了几千流民。

李特之子李雄继续率领流民战斗，攻下成都，于永安元年（304年）自立为成都王。过了两年，又自称皇帝，国号大成。后来，到李雄侄儿李寿在位时，改国号为汉，因此历史上又称李氏政权为"成汉"。

大成建国后，相继攻占了汉中及南中地区，疆域几乎与刘备建立的蜀汉相同。

李雄实行与民休养生息的政策，规定男丁每年交三斛谷，女丁减半，有病也减半；户调每年几匹绢，几两绵。不久，大成国内便富了起来，成为中国大西南一个安定的地区。

成汉历五主，共44年。

（二）汉和后赵

李雄在成都称王的同一年（304年），北方的匈奴贵族刘渊也反晋独立，自称汉王了。

刘渊身高八尺，双手过膝，自幼喜欢读书，拜上党崔游为师，学习《毛诗》、《京氏易》、《春秋左传》、《孙吴兵法》、《史记》和《汉书》。他胸怀大志，要做一番事业，是个通晓汉族文化的、能文能武的匈奴贵族。

刘渊的父亲刘豹是匈奴左部帅，十分疼爱刘渊。

晋武帝见刘渊状貌雄伟，感到惊讶，认为他不是一般人。有人向晋武帝推荐说："让刘渊统兵伐吴，东吴可灭。"晋武帝说："此事可以考虑。"但朝中大臣认为刘渊是匈奴人，非我族类，不可重用，晋武帝只得作罢。刘渊听说后，大哭一场，精神上受到了很大的打击。

八王之乱时，刘渊想帮助晋朝平乱，发兵攻打鲜卑和乌桓。他的叔祖刘宣说："我们祖先单于和刘邦结为兄弟，同甘共苦，同心同德。自从汉朝灭亡之后，我们单于徒有虚名，连个地盘都没有了。晋朝君臣不是东西，像对待奴婢一样对待我们。这口气怎能咽下去呢？鲜卑和乌桓与我们生活习性相同，可以结为外援，怎能伤害他们呢？"刘渊听了这话，如梦方醒，激动地说："我现在有十万人马，个个以一当十，消灭晋朝如同秋风扫落叶一样。但要夺取天下，必须赢得人心。我们单于娶汉朝公主为阏氏，我们都是汉朝皇帝的外甥，本是一家。我们打出大汉的旗号，就名正言顺了。"

晋怀帝永嘉二年（308 年），刘渊在平阳（在今山西临汾西南）称帝，自称是汉朝皇帝的外孙，把他建立的国家定名为汉国，表示继承汉朝的正统。

刘渊严肃法纪，整顿吏治，惩治奸佞，轻财好施，以诚待人，吸引了一大批有识之士。

刘渊建立汉国后，发兵攻打晋朝都城洛阳。

永嘉五年（311 年）六月，洛阳终于被攻陷了。这时，刘渊已死，刘聪夺得了帝位。

刘聪洗劫洛阳后，听说晋朝皇室有大批人逃往长安，便命令堂兄弟刘曜领兵打进了长安。

由于关中连年灾荒，缺乏粮食，在那里无法立足，刘曜便掠走八万多汉人，撤出了长安。

刘聪死后，其子刘粲即位，当年即被叛臣所杀。堂叔刘曜讨伐叛臣，被众人立为皇帝。

刘曜即位后，迁都长安，改国号为赵，史称前赵。

刘曜杀了大将石勒的左长史王修，石勒大怒，率军独立。刘石双方连年征战，互有胜负。最后，刘曜战败被俘，不久被杀。

汉和后赵历五帝，共 26 年。

（三）后赵

石勒是羯族人，其祖先世代担任羯族部落的小头目。石勒年轻时，并州闹饥荒，他和部落失散后，曾给人家做过奴隶。

石勒受尽苦难，没有出路，就招集一群流亡的农民组成了一支强悍的队伍。刘渊起兵后，石勒投奔汉国，在刘渊手下当了一员大将。

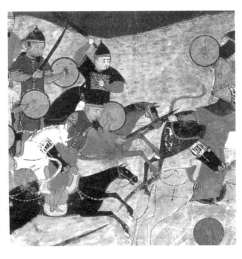

羯族人的文化比匈奴人要低，石勒没有像刘渊那样从小受过文化教育，不识字。他担任大将以后，渐渐懂得要成就大业，光靠武力不行，于是就重用汉族士人张宾，采取了许多政治措施。他还收留一批北方读过书的贫苦汉人，组成一个"君子营"。

由于石勒骁勇善战，再加上张宾一批谋士帮他出谋划策，他的势力日益强大。

后赵石勒太和元年（328 年），石勒终于消灭了刘曜。过了两年，石勒在襄国（在今河北邢台西南）自称皇帝，国号仍为赵。史称刘氏的赵国为"前赵"，石勒建立的赵国为"后赵"。

石勒自己没有文化，却十分重视读书人。他称帝后，命令部下凡捉到读书人时不许杀死，一律送到襄国由他处理。

石勒听从张宾的建议，设立学校，让将领的子弟进学校读书。他还建立了保举和考试制度，凡各地保举上来的人，经评定合格后便可以做官。石勒还命令部下和州郡官吏每年向他推荐有文才、会武艺的人做官。

石勒喜欢读书，但不识字，就找读书人把书讲给他听，一边听，一边还发表自己的见解。

有一天，廷尉续咸听说石勒要在邺城大兴土木建筑宫殿，就连忙上书说明这样做的危害，要求不要动工兴建。石勒听了，火冒三丈，大发脾气说："不杀死这个老贼，我的宫殿是建不成的。"他马上下令，把续咸抓起来，中书令徐光劝阻说："陛下是一个聪明人，平日常说要效法尧舜，如果不接受忠臣的意见，岂不成了桀纣一样的暴君？续咸的话能听则听，不能听就算了，怎么能因为人家说了几句话就把人杀了呢！"石勒听了这番话，叹了口气说："做君王的也不能独断专行啊！"他看了大家一眼，微笑着说："我难道不知道续咸的话是忠言？说要杀他，只是跟他开个玩笑，吓唬吓唬他罢了！说实在的，稍有点

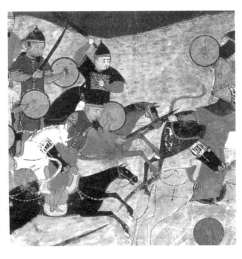

闲钱的人都要买房子，娶小妾，何况我这个得了天下的人，把宫殿修理一番又有什么不可以的呢？现在听了续咸的话，明白了更多的道理。我接受他的意见，不动工了。"说完，石勒奖给续咸 100 匹绢、50 担稻谷。这样，大小官员都敢于直言进谏了。

由于石勒重用人才，在政治上努力进取，后赵初期出现了兴旺的气象。

石勒虽然贤明，但他的子孙却多是杀人魔王。他们经常屠城，还把掠来的美女盛妆之后砍下头，放在盘子上，在酒宴上传观取乐。

后赵历七帝，共 32 年。

（四）前凉

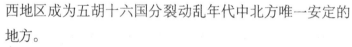

前凉是西晋灭亡之后由张轨及其子孙继续保持的汉族政权。

张轨自幼读书，很有学问，受到西晋中书令张华的器重。

晋惠帝永宁元年（301 年），张轨被任命为护羌校尉、凉州刺史，镇守河西，首府设在姑臧（今甘肃武威）。

张轨上任后，立即在辖境内采用剿抚结合、恩威并施的策略，对归顺的鲜卑人给予妥善的安置，对于骚扰地方的一部分鲜卑贵族大力讨伐，很快就使河西地区成为五胡十六国分裂动乱年代中北方唯一安定的地方。

张轨先后被晋廷任命为镇西将军，并加封为安乐乡侯，成为河西和西北广大地区的实际统治者。

张轨在河西地区推行实际上的自治，长达 13 年，为国家统一作出了积极的贡献，给西北地区创造了和平的环境。

张轨死后，全州各界人民一致拥护他的儿子张寔继承父职，宣布建立凉国，史称前凉。

在张轨的教导和影响下，其后人大多能做到爱才敬贤，勤政为民，不追求奢靡，不好大喜功，内施仁政，外求和平，兢兢业业守着他创下的基业。

张轨的儿子张寔即位后，励精图治。一天，他下诏说进言者重赏，有人进言说："自从你即位以来，什么事都是你一个人说了算，大臣们只是点头而已。你不要以为你是天下最聪明的人，其实好多事你还不如大臣。如果你能虚心纳谏，即使不用重赏，有利于国家的建议也会源源不断地送到你的耳中。"这种难以接受的话，并未让张寔发火，反倒高高兴兴地接受了。

张氏子孙世代据守凉州，人民生活比较安定，汉人士族在那里传授儒学，保存了中原失传的一些经籍和学说。

陈寅恪说："秦凉诸州西北一隅之地，其文化上续汉魏、西晋之学风，下开魏齐、隋唐之制度，承前启后，继绝扶衰，五百年间延绵一脉。"可见前凉在中华民族文化中的重要地位。

东晋孝武帝太元元年（376 年），苻坚派十三万大军进攻前凉，前凉灭亡了。

前凉历八主，共 63 年；一说历九主（包括张轨），共 76 年。

（五）前燕

前燕是十六国时期由鲜卑族首领慕容皝所建立的政权，为区别同时期的慕容氏诸燕，历史学家把它称为前燕，统治地区包括今河北、山东、山西、河南、安徽、江苏、辽宁各地一部分。

魏晋之际，鲜卑慕容氏自辽西迁至辽东。

晋惠帝元康四年（294 年），鲜卑酋长慕容廆徙居大棘城（今辽宁义县西北），开始了定居的农业生活。晋怀帝永嘉元年（307 年）前后，慕容廆自称鲜卑大单于。

西晋灭亡后，慕容廆在汉族士人的辅佐下，据有辽河流域，接受东晋官爵。许多山东、河北一带的汉族世家大族纷纷投靠慕容氏，慕容氏自慕容廆起即与汉族士大夫合作，共同统治境内百姓，兴立学校，培养统治人才。

慕容廆之子慕容皝即位后，于咸康三年（337 年）称燕王，建燕国，继续尊奉东晋，并用兵扩展领地。

慕容皝留意农桑，兴修水利，国势日盛。

东晋成帝咸康八年（342年），慕容皝迁都龙城（今辽宁朝阳），成为东北地区最强大的国家。

慕容皝招徕中原地区的汉族流民，组织屯田垦荒。地租比率，用官牛者，民得收获物十分之四；用私牛者，官民对分。前燕社会安定，中原地区的许多劳动人民都逃到这里，并带来了生产技术，促进了前燕社会经济的发展。

慕容皝十三年（348年），其子慕容儁进攻后赵，夺得幽州，迁都于蓟（今北京西南）。前燕占领后赵幽州后，继续南进，击败冉魏，占有河北。随后，慕容儁抛弃东晋旗号，自称燕皇帝，迁都邺城（在今河北临漳西南邺镇东）。

迁都后，统治集团内部生活日益腐化，政治也渐趋黑暗。慕容儁后宫有四千余女人，童仆四万余人，穷奢极欲，日费万金。太傅慕容评极力搜刮百姓，强占田地，还封山封泽，平民乃至军队砍柴打水都要纳钱，搜刮的钱绢堆聚如山。此外，贵族官僚们还大量地占有庇荫户，总数超过国家控制的户口，致使国家的税收和徭役调发都很困难。

前燕光寿四年（360年），慕容儁病死，11岁的太子慕容暐时即位，由慕容皝第四子慕容恪辅政。慕容恪德才兼备，前后辅政七年，前燕王朝政治稳定。慕容恪还率兵攻占东晋的河南、淮北不少土地。

前燕建熙七年（366年），慕容恪病死，前燕王朝开始走向衰落。

东晋废帝太和四年（369年），东晋大将桓温北伐，燕军战败。慕容暐之叔吴王慕容垂在前秦军队的帮助下大败晋军，桓温退走。

慕容垂在击败桓温的战役中立下大功，却被掌握朝中大权的慕容评所猜忌。慕容垂被逼无奈，出走前秦，被苻坚收留。

符坚早就想消灭前燕，因怕慕容垂，一直不敢出兵。慕容垂来投后，他便以慕容垂为先锋，率步骑三万人进攻前燕，攻占洛阳。

前燕建熙十一年（370年）十一月，慕容暐逃出邺城，试图返回辽东的根据地龙城，中途被前秦军抓获，前燕灭亡。

前燕历三帝，共34年。

（六）前秦

前秦是氐族苻健所建的政权。

苻氏的祖先初居甘肃武都（治所在今甘肃西和东南），因他家中水池里生有五丈长的蒲草，人称"蒲家"，便以蒲为姓了。

曹魏时，由武都迁于略阳郡临渭县（今甘肃省秦安县东南），世为部落小帅。

晋怀帝永嘉四年（310年），蒲洪被宗人推为盟主，自称护氐校尉、秦州刺史、略阳公。

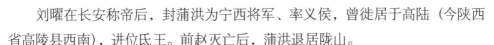

刘曜在长安称帝后，封蒲洪为宁西将军、率义侯，曾徙居于高陆（今陕西省高陵县西南），进位氐王。前赵灭亡后，蒲洪退居陇山。

东晋成帝咸和八年（333年），蒲洪归降后赵石虎，劝石虎徙雍州豪杰及氐、羌十多万户于关东，充实京师，被石虎采纳，拜为龙骧将军、流民都督，率户两万定居枋头（今河南省浚县西南）。

东晋穆帝永和六年（350年）春，蒲洪遣使臣至江左称臣，东晋以蒲洪为征北将军、都督河北诸军事、冀州刺史、广川郡公。时逢冉魏国主冉闵大杀胡羯，关陇流民相率西归，路经枋头时大多归附了蒲洪，蒲洪拥众至十余万人，于是便自称大将军、大单于、三秦王，从此改姓苻氏。

不久，蒲洪被石虎旧将麻秋毒死，其子苻健继统其众，在从枋头向关中进军的过程中，利用民心思晋，打起了晋征西大将军、都督关中诸军事、雍州（东汉末始置，曹魏时辖今陕西中部、甘肃东南部及宁夏、青海各一部，唐时仅有关中的一部）刺史的旗号。直至称帝后，才正式和东晋断绝关系。

苻健进入长安，据有关陇，于晋穆帝永和七年（351年）春即天王、大单于位，国号大秦，改元皇始。

第二年，苻健自称皇帝。

苻健于丰阳县（今陕西省山阳县东南）设立荆州，吸引南货，通关市，来远商，因而国用充足，刺激了经济的发展；又于长安平朔门内设立宾馆，招徕四方豪杰为大秦服务；又与百姓约法三章，薄赋敛，卑宫室，留心政事，优礼者老，崇尚儒学。

通过苻健的努力，关西家给人足，较西晋末年大有起色。

前秦皇始五年（355 年），苻健去世，其子苻生即位。前秦永兴元年（357年），苻健弟弟苻雄的儿子苻坚杀了苻生，自立为大秦天王，改元永兴。

苻坚即位后，重用谋士王猛，课农桑，立学校，力行改革。几年后，秦国大治，在十六国纷扰时代呈现出一派小康气象。

十多年后，前秦国力越来越强，先后灭掉了前燕、代国和前凉三国，统一了黄河流域。

这时，苻坚自恃国力强盛，不断对东晋发动进攻，战事主要在东线徐州一带和西线襄阳一带进行。

前秦建元十五年（379 年），前秦军队攻占东晋战略重镇襄阳后，苻坚野心膨胀，决定攻灭东晋。

前秦建元十九年（383 年），在淝水之战中，前秦大败，苻坚逃回长安。

姚苌向苻坚索要传国玺，遭到严拒。姚苌又劝苻坚禅位，被苻坚痛骂一顿。前秦建元二十一年（385 年），姚苌将苻坚缢死于新平（陕西彬县）佛寺。

前秦历七帝，共 45 年。

（七）后燕

后燕是鲜卑慕容垂建立的政权，建都中山(今河北定县)，盛时有今河北、山东及辽宁、山西、河南大部，是十六国后期中原地区最强盛的王国。

慕容垂又名慕容霸，是燕太祖慕容皝的第五个儿子。慕容垂自幼聪明，深受慕容皝的宠爱，在兄弟之间和德才兼备的慕容恪关系非常好。

不过，后来即位的燕王——老二慕容儁非常讨厌他。见父亲喜欢老五超过自己，慕容儁心中总是愤愤不平。

慕容儁死后，由于太子慕容暐还小，国家大权掌握在慕容恪手上，慕容垂备受重用。慕容恪死后，慕容暐亲政，慕容垂开始倒霉了。

七年后，慕容垂率军消灭西燕，统一了中原地区。

当时的后燕是北方地区实力最强的王朝，就连当时的北魏也特别害怕慕容垂。为此，北魏王拓跋珪派他的弟弟前往中山向慕容垂请安。不料，慕容垂的儿子慕容宝却把人给扣了下来，使本是后燕藩属的北魏与后燕关系迅速恶化了。

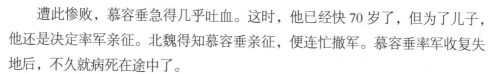

慕容宝决定亲征北魏，结果九万燕军反被北魏打得大败，6 万人被活埋。

遭此惨败，慕容垂急得几乎吐血。这时，他已经快 70 岁了，但为了儿子，他还是决定率军亲征。北魏得知慕容垂亲征，便连忙撤军。慕容垂率军收复失地后，不久就病死在途中了。

接着，慕容宝和兄弟发生内乱，让北魏占了便宜。在不到三年的时间内，后燕的大部分疆土被北魏吞并，后燕灭亡了。

后燕历七主，共 26 年。

（八）西燕

前秦建元六年（370 年），前燕灭亡后，王族子弟慕容冲及其兄慕容泓被苻坚迁往关中。慕容冲时年 12 岁，长得唇红齿白，美如少女，成了苻坚的娈童；其姊清河公主 14 岁，也被苻坚所宠幸。不久，长安城里唱起了一首歌谣："一雌复一雄，双飞入紫宫。"

后经王猛力谏，慕容冲才被送出宫，长大后被苻坚任命为平阳太守。

前秦建元十九年（383 年），前秦于淝水之战大败。苻坚虽然逃回长安，但对境内各族的控制力大大减弱了。建元二十年（384 年），慕容冲的叔叔慕容垂在河北起兵反秦，时任北地长史的慕容泓闻讯后立即前往关东召集鲜卑部众，自称都督陕西诸军事、大将军、雍州牧、济北王，史称西燕。

慕容泓本想率军东归前燕故地，投奔慕容垂，但在屡次击败前秦大军后，转而西进长安，并改元燕兴。

这时，担任平阳太守的慕容冲也在河东起兵，与慕容泓一同进军长安。

不久，谋臣高盖等人认为慕容泓德望不如慕容冲，而且用法严苛，便杀了慕容泓，改立慕容冲。更始元年（385年），慕容冲即皇帝位于阿房宫，改元更始。

西燕大军围攻长安，长安城中衣食困难至极。这年正月，苻坚宴请群臣时，许多参加宴会的大臣竟把肉含得满口，回到家里吐出来给家属吃。民间发生了人吃人的惨剧，死人无数。

西燕、前秦激战多次，互有胜败。苻坚曾在长安城西大破西燕军，追到阿房宫城，因怕中计，不敢杀进城去，收兵而归。

慕容冲率军继续进攻长安，苻坚亲自督战，身上中了好几箭，血流满身。

五月，苻坚的骁将杨定在城西阵亡，苻坚十分恐惧，便留太子苻宏守城，自己带几百名骑兵与张夫人出奔五将山（在今歧山县东北）。六月，苻宏守不住长安，弃城出逃。他在走投无路的情况下，最后从武都南走，投降了东晋。

西燕大军进入长安后，慕容冲放纵士兵烧杀掳掠，长安城中又死了一大批人。

更始二年（386年）正月，慕容垂即皇帝位。鲜卑人都想东归，慕容冲怕慕容垂，不敢东归；又贪图长安豪华宝贵的生活，只想久居长安。对此，部下都有怨气。

二月，慕容冲被部将攻杀，段随被立为燕王。

三月，慕容恒、慕容永又攻杀段随，改立慕容觊为燕王，率鲜卑人四十多万东归。

在东归途中，慕容觊又被慕容恒之弟慕容韬所杀。慕容恒改立慕容冲之子慕容瑶为帝。对此，众人不服，都拥护慕容永。于是，慕容永杀掉慕容瑶，立慕容泓的儿子慕容忠为帝。当他们走到山西闻喜时，才知道慕容垂已经称帝，便不敢再往东走了。

六月，将军刁云等杀死慕容忠，拥慕容永做河东王，向后燕称藩。他们以为这样就可以得到慕容垂的谅解了。

中国古代乱世王朝

秋凉以后，他们继续上路，可前面却有苻坚的庶长子苻丕挡住了去路。慕容永向苻丕借道，遭到拒绝，只得发兵冲击，于是发生了襄汾（今山西襄汾东北）之战。鲜卑思归，奋勇冲杀，大破前秦兵，进据长子（今属山西）。

慕容永打了胜仗，以为可以立国，不必向慕容垂称臣了，便在长子称帝，建元"中兴"。

慕容垂和慕容永本是堂兄弟，但在慕容垂看来，天无二日，必须灭掉西燕。当时，众将都认为后燕连年用兵，官兵已疲惫不堪，不宜出兵。只有慕容垂的小弟慕容德支持出兵，他说："慕容永是燕国的枝叶，怎能容忍他擅自称帝！从后燕的长远利益着想，应当消灭西燕，统一人心。"慕容垂听完慕容德的话，站起来对大家说："我的主意已定，决不动摇。我虽已年近七十，但凭我的智谋和勇猛善战的将士，足以夺取长子，生擒慕容永。"

后燕建兴九年（394年），慕容垂出兵攻打西燕。慕容永闻讯后，急忙分兵多路抵抗。

同年，慕容垂攻克长子，将慕容永及西燕的王公大臣全部杀掉，西燕灭亡了。

后燕历七帝，历11年。

（九）后秦

姚苌，南安赤亭（今甘肃陇西县西）人，先祖世代为羌族酋长。姚苌是姚弋仲之子，姚弋仲共有42子，姚苌是其中第24子。

姚苌自幼聪明，多权略，落落大方，不拘小节。姚苌随其兄姚襄（姚弋仲第五子）征战，多次参与决策。

前秦苻坚永兴元年（357年），姚襄与前秦大军战于三原，兵败被杀。姚苌率众投降，为苻坚担任部将，累建战功，升为龙骧将军。

苻坚在淝水大败逃回长安后，各族首领纷纷乘机反秦自立。苻坚派兵镇压，两年后被姚苌缢死于新平佛寺。

　　符坚死后，姚苌乘慕容冲率军东下之机进入长安。晋孝武帝太元十一年（386年）四月，姚苌即皇帝位，定都长安，置百官，大赦境内，国号大秦，改元建初，史称后秦。

　　姚苌智勇双全，体恤士卒。生活俭朴，每餐只食一菜，皇后随军不穿绸缎。将帅死于战事者加秩二等，士卒战死后都有褒赠。他在位八年，施仁政，置学馆。整顿吏治，考评优劣，奖功罚罪。姚苌对于安定社会，恢复和发展关陇地区的经济、文化起了积极的作用，在战乱的十六国时期，后秦境内成了当时的一片乐土。

　　太元十八年（393年）十二月，姚苌病逝，太子姚兴即位。

　　姚兴勤政爱民，尊重读书人，将一些大儒提到朝廷要职上，让他们到太学授课，还常于退朝后请他们到皇宫一起探讨治国的学问。为让官吏公平执法，他特地在京城办了一所法律学校，让地方官入学，毕业合格后才能上任处理案件。

　　为了解放劳动力，发展生产，姚兴解放了奴隶，让他们回乡务农。

　　东晋义熙十二年，后秦永和元年（416年），姚兴病逝，太子姚泓即位。

　　姚泓是位有名的仁君，主张法律要宽，用刑要轻。他心慈手软，对于阴谋夺位的弟弟，他不肯用刑；对于野心勃勃的反叛者，他只惩首恶，其余一概不问。

　　姚泓尊师重教，老师来探望他时，他慌忙下拜，从而推动了后秦的尊师风气。在他的影响下，后秦公侯见了师傅都要下拜。

　　但是，姚泓即位后，日子并不好过，东晋的北侵令他整日坐立不安。

　　东晋太尉刘裕为了立功称帝，积极准备灭亡后秦的战争。

　　刘裕率大军从建康(今南京)出发，兵分五路，水陆

中国古代乱世王朝

并进。

晋将王镇恶部乘舰逆渭水而进，将士兵藏于舰内。后秦兵见舰不见人，正在惊异之际，王镇恶令军士手执兵器弃舰登岸，背水死战，大败秦军。姚泓引兵往救，恰遇秦军败退，自相践踏，姚泓单骑逃回王宫，被迫请降，后秦灭亡。姚泓到建康后，即被杀害。　　后秦历三帝，共34年。

（十）　西秦

鲜卑乞伏氏在汉魏时从漠北翻越大阴山，迁往陇西定居。前秦苻坚在位时，乞伏司繁被任命为镇西将军，镇守勇士川(今甘肃榆中)。乞伏司繁死后，乞伏国仁代镇。

前秦建元十九年（383年）淝水之战前，苻坚命乞伏国仁为前将军随军出征。临行前，乞伏国仁的叔父乞伏步颓于陇西起兵独立，苻坚派乞伏国仁回师讨伐。乞伏国仁反而与叔父联兵，脱离了前秦。

淝水之战后，苻坚败亡。乞伏国仁聚众十余万，于385年自称大将军、大单于，并领秦河二州牧，筑勇士城为都城，史称西秦。

西秦建立后，延纳汉族士大夫，重用汉官，学习汉人长期以来积累的统治经验。国家机器中管理机构的设置主要模仿汉族政权，中央设有相、尚书、御史、侍中、长史、司马、仆射等，地方上设有刺史、太守、牧等。

西秦政府设置了传授儒家经典的博士，对鲜卑族贵族子弟进行汉文化教育。

乞伏乾归登基后，立汉族妻子边氏为王后，置百官，仿汉制，迁都金城(今甘肃兰州)。

西秦开国初，乞伏国仁用人几乎是清一色的鲜卑族。鲜卑族对东征西杀是熟悉的，但对治理国家却很陌生，急需文化程度较高的汉人参政。从太元十七年（392年）开始，乞伏乾归任用了一大批汉官，并以汉人赵景为太子詹事，辅导太子。鲜卑贵族学习汉文化，兼容并蓄，为西秦政权的巩固、发展发挥了作用。

义熙十年（414年），乞伏炽磐攻灭南凉，改称秦王。

乞伏炽磐执政时期，在黄河上建造了著名的"飞桥"。关于黄河上的桥梁，最早的记载就是这座桥。这座飞桥高50丈，3年建成，使万里黄河变成通途，极大地方便了两岸的百姓。

元嘉五年（428年），乞伏炽磐去世，其子乞伏暮末即位，因用法严酷，民多叛亡。

元嘉八年（431年），夏军围攻南安，乞伏暮末出降，夏主赫连定杀了乞伏暮末及其宗族五百人，西秦灭亡了。

西秦政权在险恶的环境中存在了数十年，使当地百姓有了一点喘息的机会，生产力也有了相应的发展。

西秦历四主，共47年。

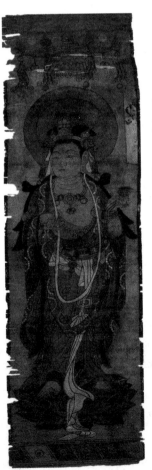

（十一）后凉

后凉是氐族吕光建立的政权。吕家为氐族贵族，吕光父亲吕婆楼曾辅佐苻坚登上帝位，立有大功，官至太尉。

吕光10岁那年和小伙伴一起玩耍时，便懂得运用阵法，被推为首领，小伙伴无不佩服。

吕光身长八尺四寸，目有重瞳子。为人沉毅凝重，宽厚大度，喜怒不形于色。王猛十分看重吕光，对人说："吕光不是平常人。"于是，将吕光推荐给苻坚，苻坚任命吕光为美阳令。不久，吕光升任鹰扬将军。

升平元年（357年），苻坚杀堂兄苻生后即位，自称天王。

升平二年（358年）二月，苻坚亲征张平，张平派养子张蚝迎战。张蚝单枪匹马闯入秦军阵地，反复四五次，如入无人之地。苻坚悬赏招勇士出战，吕光率先冲出，一戟刺张蚝于马下。张平投降苻坚，吕光从此威名大震。

太元八年（383年）正月，符坚命吕光率军七万余人进攻西域。次年八月，西域各国纷纷投降。

太元十年（385年），吕光用两万匹骆驼驮着一千多种西域的珍奇货物，带着一万多匹西域骏马东归。这时，符坚已在淝水之战中惨败，中国北方又陷入四分五裂中。

同年，吕光率军进入姑臧(今甘肃武威)。

凉州地处边陲，消息十分闭塞。次年，符坚被杀的消息才传到凉州。吕光听到噩耗，如丧考妣，悲痛欲绝。他命令凉州军民为符坚披麻戴孝，东向致哀。

一个月后，吕光自称凉州牧、酒泉公。太元二十一年（396年），在取得一系列军事上的胜利后，吕光即天王位，国号大凉，史称后凉。

后凉统治范围包括甘肃西部和宁夏、青海、新疆各一部分。

吕光在后凉境内重视不同意见，随时纠正错误。一次，吕光与群臣议论国事，参军段业认为吕光用法过严。吕光辩解说："吴起从不施恩而楚国强大，商鞅用法严酷而秦国兴旺。"段业当面反驳道："吴起遭杀身之祸，商鞅受灭族之灾，都是他们平时过于残忍的结果。如今大业初创，一切效法尧舜都嫌来不及，如果效法吴起和商鞅，难道是凉州百姓之愿吗？"吕光认为段业说得有理，立即接受了他的建议。

吕光接连平息叛乱，取得了军事上的胜利，进一步巩固了后凉的统治。吕光自称三河王，改元麟嘉。

凉州在十六国初期是一个远离战火、相对平静的地区。在后凉建立的最初几年，也有过一段时期的平静。但南凉和北凉建立后，秃发氏和沮渠氏南北夹击，让后凉处境变得越来越凶险。后凉的东面还有西秦和后秦两个政权，西面的吐谷浑也在不断壮大。一时间，后凉四面受敌，时时挨打，经济凋敝，江河日下。

隆安三年（399年），吕光逝世。吕光死后四年，后凉被后秦所灭。

后凉历四主，共18年。

（十二） 南凉

南凉是鲜卑秃发乌孤所建的政权。

秃发即"拓跋"的异译，是拓跋氏的一支，被称为河西鲜卑。

由于争夺牧场，这支鲜卑于曹魏时期由塞北阴山沿贺兰山脉东麓南下游牧。最后，他们聚居于河西走廊东部及青海湖以东地区，与汉、羌等族共处。

曹魏及西晋统治者因这支鲜卑与羌、胡相似，便设护羌校尉监领他们，各部仍自有部帅。

这支鲜卑人往往被征兵，或被掠为奴婢、佃客，同时还要缴纳赋税，以致民族矛盾日益尖锐起来。西晋初年，终于爆发了以秃发树机能为首的反晋斗争。陇右、河西其他民族纷纷响应，攻进金城，击杀了凉州刺史。

晋武帝咸宁五年（279年），秃发树机能攻破凉州，阻断了西晋与河西的交通。西晋朝廷大震，急遣威武太守马隆统军镇压。秃发树机能因寡不敌众，兵败被杀，秃发部降于西晋。

秃发树机能反晋斗争虽然失败了，但秃发鲜卑部并未溃散。传至秃发乌孤后，采取养民务农的经济政策，在政治上礼贤下士，修政明刑，对外结好，不事征战。十余年间，秃发部在后凉东南一带渐渐强大起来。

太元二十一年（396年），吕光即天王位，改国号为大凉，遣使拜秃发乌孤为征南大将军、益州牧、左贤王。秃发乌孤想摆脱吕光的控制，因而谢绝了封爵。次年，秃发乌孤自称大都督、大将军、大单于、西平王，建立了南凉，年号太初。

秃发鲜卑及其建立的南凉对河湟地区经济、文化的发展起了积极的促进作用。在秃发利鹿孤和秃发傉檀时期，不断鼓励农桑，修筑和扩建城镇，使南凉成为河陇一带经济最为繁荣的地区。

在南凉境内的大路上，中外商人和僧人络绎不绝。南凉在中亚陆路交通上起了重要的作用。

南凉历三主，共18年。

（十三）北凉

北凉是汉人段业建立的政权。段业从小博览群书，精通尺牍，曾任前秦将军杜进的记室，掌管文书。杜进随吕光西征时，段业也随同前往。吕光发现段业的才能后，将

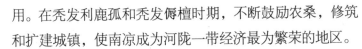

其升到帅府担任著作郎，吕光的文件、告示都出自段业之手。吕光建立后凉时，段业历任尚书、建康（今甘肃高台）太守。

后凉龙飞二年（397 年）二月，吕光因西秦乞伏乾归数度叛离，决定出兵消灭他。吕光派他的庶长子吕纂攻克金城（今甘肃兰州），派他的弟弟吕延带着沮渠部落酋长沮渠罗仇兄弟攻克临洮、武始、河关。后来，因吕延麻痹轻敌，兵败被杀。吕光埋怨沮渠罗仇和他的弟弟沮渠麹粥护卫不力，以败军之罪杀了他们。

沮渠部是匈奴的一支，其先祖世为匈奴左沮渠王，便以部落为姓了。东汉时，因居住在卢水（今青海西宁）一带，又称卢水胡。三国时期，沮渠部向南扩展到今四川北部，一部分则居于今甘肃武威附近。他们原以游牧为业，后部分改为农耕。吕光班师回朝途中，沮渠罗仇归附了后凉，被吕光任命为西平太守、建忠将军、尚书；沮渠麹粥被任命为三河太守。

沮渠罗仇的侄儿沮渠蒙逊时任沮渠部落酋长，在后凉建康太守段业部下为将。沮渠罗仇兄弟被杀后，在安葬之日，一万多人前来参加葬礼。沮渠蒙逊当众大哭道："吕王昏聩，暴虐无道，不但占了我们的地盘，还杀我们的人，我们决不能让二位叔父饮恨九泉！"在场众人听了，无不痛骂吕光。于是，沮渠蒙逊与众人盟誓，团结起来共讨吕光，十日之内就有一万多人前来投奔。沮渠蒙逊的堂兄沮渠男成时任后凉晋昌太守，也起兵响应。

沮渠男成率部进军建康，劝说建康太守段业起兵反凉。段业素与后凉尚书王祥、侍中房旯等权臣不睦，这次出任建康太守就是被他们排挤所致。段业怕以后为其所害，于是同意起兵。沮渠蒙逊知道后，也率部与段业、沮渠南成合兵一处，兵力大大加强了。

沮渠男成、沮渠蒙逊年纪尚轻，职位也低，没有号召力，于是二人共推段业为主。

段业自称大都督、龙骧大将军、凉州牧、建康公，建元神玺，建都骆驼城（今甘肃高台县南 22 公里处）。

而后，段业改称凉王，迁都鹿得城（今甘肃张掖西北 15 公里处），改元天玺。因张掖在河西四郡之北，故史称北凉。

北凉处于丝绸之路的要道上，极受北魏重视，因而沮渠牧犍也颇受拓跋焘的青睐，还把妹妹武威公主嫁给了他。

沮渠牧犍对北魏很谦恭，对南朝刘宋也表示友好。他派人出使建康（今江苏南京），与刘宋建立了外交关系。宋文帝刘义隆不甘心落后于北魏，封沮渠牧犍为都督凉秦等四州诸军事、征西大将军、凉州刺史、河西王。这样，沮渠牧犍成了南北两朝天子同时承认的藩王。沮渠牧犍把河西珍藏的一些重要书籍赠给刘宋，刘宋也送给他几十种书籍。

永和七年（439年），拓跋焘因妹妹几乎被沮渠牧犍的情妇毒死，勃然大怒，亲率大军攻破姑臧。沮渠牧犍率文武百官五千人投降，姑臧百姓二十余万人和府库中的无数珍宝尽归北魏。

沮渠牧犍被送到平城，因为他是拓跋焘的妹夫，仍受到拓跋焘的礼遇。

太平真君八年（447年），有人告发沮渠牧犍和北凉的遗臣遗民勾勾搭搭，拓跋焘盛怒之下让太常卿崔浩给沮渠牧犍送去一张赐死的诏书，沮渠牧犍被迫自杀了。

拓跋焘攻下姑臧后，沮渠牧犍的弟弟沮渠无讳和沮渠安周先后称王，与北魏为敌，又使国祚延长了20年。

北凉历五主，共63年。

（十四）南燕

慕容德是前燕开国皇帝慕容皝的小儿子，体貌雄伟，多才多艺，博览群书，吸收了中原汉族文化的精髓，是位儒将。每次讨论军国大事时，他都能抓住要害。慕容德不仅是一位拼杀疆场的悍将，还是一个出谋划策的智多星。

慕容德和哥哥慕容垂感情极好，常常互帮互助。慕容德一直追随慕容垂，慕容垂也非常赏识他。在枋头之战中，慕容德协助慕容垂击败东晋大将桓温，对前燕功不可没。慕容垂遭到太傅慕容评的排挤，不得已投奔前秦后，慕容德也因此受到牵连而被免职。

慕容德是个出色的政治家，有着敏锐的政治头脑。前燕末帝慕容暐在位时，正是前燕与前秦对峙时期。前秦内部发生叛乱，苻双等人起兵反对苻坚。慕容德闻讯，急忙劝慕容暐抓住机会攻秦，而慕容暐竟未采纳，坐失了良机。

前燕灭亡后，慕容德和慕容氏家族一起被押往长安，被苻坚任命为张掖太守。苻坚大举攻晋时，任命他为奋威将军。但慕容德和慕容氏家族其他成员一样，天天都在盼望复国。

三国两晋南北朝——群雄并立

淝水之战中，苻坚大败，逃到慕容垂军中，慕容垂的儿子慕容宝劝父亲杀了苻坚，慕容垂心中不忍说："苻坚对我有恩，君子不可乘人之危。"慕容德说："当初，秦强时灭了我们燕国；如今秦弱了，正是我们报仇雪耻之机，不能算乘人之危啊！"慕容垂毕竟难忘苻坚对他的礼遇之恩，没有下手。

走到荥阳时，慕容德又劝慕容暐说："我们应该乘乱复国。"慕容暐没有采纳。于是，慕容德便随一心复国的慕容垂回到了前燕故地。慕容德不但帮助慕容垂建立了后燕，还在群臣的反对下力挺慕容垂灭了西燕。

慕容宝即位后，让他的叔父慕容德镇守邺城。

皇始二年（397年），北魏围攻后燕都城中山，慕容宝北奔龙城，北魏攻破了中山。

在魏军压力下，慕容德弃邺南下，于北魏天兴元年（398年）徙至滑台，自称燕王，建立燕国，史称南燕。

次年，北魏攻占滑台，慕容德率众东迁广固(今山东益都西北)，改称皇帝，占有今河南及山东部分地区。

南燕建立后，慕容德虚心纳谏，阿谀奉承的现象根除了，敢于直言的人越来越多。

慕容德设立了主管教育的学官，让官员子弟入学读书，成为官僚的后备军，为治国提供了人才。

慕容德提拔晏婴的后代晏谟担任尚书郎，以示对齐鲁文化和当地士人的尊重，让更多的人团结在自己的周围。

慕容德整顿内部，清查户口，消除了隐瞒现象，使户口由十万家增至十五万八千家，从而减轻了百姓的负担，国力也大大增强了。

在慕容德统治下，青、兖地区经济迅速发展，百姓过上了温饱的生活。

天赐二年（405年），慕容德病逝，兄子慕容超嗣位。

当初，慕容德奉命随苻坚大军攻打东晋时，他的母亲和妻儿都留在张掖任上了。第二年，慕容德帮助慕容垂复国，新任的张掖太守苻昌便把慕容德的几个儿子全杀了。

慕容超即位后，只知玩乐，委政幸臣，大杀功臣，赋役繁重，百姓再度陷入了困苦的深渊。

永兴元年（409年），东晋大将刘裕率军北伐，次年攻下广固，慕容超被俘斩首，南燕灭亡了。

南燕历二主，共12年。

（十五）夏

夏是匈奴赫连勃勃建立的政权。

赫连勃勃是匈奴南单于的后裔，其父刘卫辰在淝水之战后占据了朔方之地，拥兵自重。

后来，刘卫辰被北魏大军追杀，只有赫连勃勃一人逃到后秦。

赫连勃勃曾担任后秦姚兴的骁骑将军，于夏龙升元年（407年）脱离后秦，在鄂尔多斯南部建立大夏国，自认是夏禹的后代，故称大夏天王，仿照中原王朝的政体设置了各种机构。

当年，汉高祖刘邦与匈奴和亲后，匈奴上层统治者多改姓刘，自称是刘邦的后代，并引以为荣。赫连勃勃认为这样做大错特错，是匈奴的耻辱，因此他不再姓刘，改姓赫连。

赫连勃勃役使十万人在无定河北岸建立都城，命名统万城(今内蒙古乌审旗南白城子)，取"一统天下，君临万邦"之意。

统万城规模宏大，富丽堂皇，方圆数里，用当地的白土发酵后版筑夯实而成。因土色泛白，俗称"白城子"。

统万城由外郭城、东城和西城组成。东城为主，西城为辅。东城设有四门：南为朝宋门，东为招魏门，西为服凉门，北为平朔门。四城角各有墩楼，最高达 30 米，城墙四面均有防御性的马面建筑。

赫连勃勃是十六国后期最残暴的统治者，他不仅推行胡汉分治，优待胡人，虐待汉人，而且施政残暴。他筑统万城时，如果筑完的城墙能用锥子刺入一寸，即将筑城的人杀掉埋在城墙里。他命令工匠制造甲弓时，如果射甲不透，即斩制弓的工匠；如能射透，即斩制铠甲的工匠。他每攻下一座城池，往往大肆屠城，并坑杀战俘。

刘裕灭掉后秦后，留下儿子镇守长安，自回江南了。留在长安的守兵力量薄弱，赫连勃勃便乘机袭取了长安。

夏昌武元年（418 年），赫连勃勃在灞上即皇帝位，留儿子赫连昌镇守长安，然后自回统万城。

称帝后，赫连勃勃更加残暴。他常在统万城上注视行人，见谁不顺眼，便将其射死。如果觉得哪个大臣对他的眼神不恭敬，便将其眼睛挖出。如果有人笑他，便将其嘴唇撕开。如果有人进谏，便将其舌头割下。

夏国的统治靠的是军事征服，因此政局很不稳定。

赫连勃勃病死后，次子赫连昌即位。北魏拓跋焘亲率大军进攻夏国，赫连昌兵败，南走上邽(今甘肃天水)。

夏胜光元年（428 年），北魏大军攻陷上邽，生俘赫连昌。赫连昌做了魏国驸马，被封秦王。

赫连勃勃的第五子赫连定逃到平凉(今甘肃平凉西北)，自称大夏皇帝，灭了西秦。

夏胜光四年（431 年），赫连定为了躲避魏军攻击，率大军西击北凉时，被吐谷浑所俘，献给北魏，夏国灭亡了。

赫连昌叛魏西逃被杀，赫连定也牵连被杀。

夏历三主，共 25 年。

（十六）北燕

后燕皇帝慕容熙荒淫残暴，失掉了民心。后燕建始元年（407年），在冯跋的支持下，慕容宝养子高云取得后燕政权，朝政掌握在冯跋手中。

冯跋，长乐信都（今河北冀县冀州市岳良冯跋村）人。祖父冯和在西晋灭亡时避乱上党（今山西长子县）；父亲冯安曾在西燕慕容永手下做官，慕容永兵败后，冯安迁居和龙（今辽宁朝阳市），成为鲜卑化汉人。

冯跋年少时为人谦恭谨慎，寡言少语，宽厚大度，勤于农事，深受父母喜爱。

后燕慕容宝在位时，冯跋官至中卫将军。

北燕太平元年（409年），高云被欲壑难填的幸臣离班、桃仁所杀，冯跋派人杀了离班、桃仁，自称燕天王，史称他所建立的政权为北燕。

建国后，冯跋奖励农桑，勤于政事，轻徭薄赋，废除了慕容熙的苛政。

冯跋提倡廉政，严惩贪官污吏。大臣李训趁慕容熙失败时从国库中窃取了数以万计的金银财宝，向吏部尚书行贿，得以出任方略令。冯跋侦知此事后，立即将李训处死，还训斥了吏部尚书。此后，朝中再未发生行贿受贿的事。

冯跋重视人才培养，特地成立了一所太学，聘请大儒担任讲师，选拔二千石以下官吏的子弟入学读书。

冯跋大力发展农业生产，破坏农业生产者杀无赦，努力耕田者受褒赏。他命令百姓每人种植桑树一百棵，柘树二十棵。为了节省财力和物力，他还积极改革殡葬习俗，提倡丧事从俭。

冯跋在位22年，使处于乱世之中的北燕保持稳定。

北燕太平二十二年（430年），冯跋病逝，其弟冯弘自立为帝，被北魏所灭。

北燕历二主，共28年。

中国古代乱世王朝

四、南朝

南朝（420—589 年）是东晋之后建立于南方的四个朝代的总称。东晋王朝灭亡后，南方先后出现了宋、齐、梁、陈四个朝代，与北方的北魏、东魏、西魏、北齐、北周等合称南北朝。

（一）刘宋

刘裕是汉高祖刘邦弟弟楚元王刘交的后代，生于东晋哀帝隆和二年（363 年）。

刘裕刚一降生母亲就去世了，没过几年父亲也病逝了。因此，刘裕早年备尝艰辛，种过田，打过柴，捕过鱼。

刘裕虽然穷，但喜欢结交朋友，常跟朋友一起舞刀弄枪，骑马射箭，练就了一身好武艺。

有一天，刘裕听说北府兵募兵，就去报名了。

北府兵是东晋大将谢玄在京口招募勇士组建的军队，因京口在东晋都城建康的东北方，又叫北府，于是在京口组建的这支军队就叫北府兵。

北府兵将领刘牢之见刘裕身材魁梧，相貌堂堂，就把他留在身边当了一名军官。

刘裕擅长带兵，能约束部下。他的队伍纪律严明，常打胜仗。不久，刘裕便成了北府兵的名将。

晋安帝元兴元年（402 年），桓玄在荆州起兵谋反。桓玄是桓温的儿子，东晋末年担任荆州刺史。他想篡位，便乘建康一带闹饥荒之机下令封锁长江，不准上游的粮食下运。建康军民无粮，只好吃麸皮和橡子面。

东晋派北府兵将领刘牢之率军讨伐桓玄，桓玄收买了刘牢之，打进建康，强迫晋安帝退位。桓玄做了皇帝，改国号为楚。

桓玄过河拆桥，逼死刘牢之，还杀了他手下的大将。因刘裕是中下级将领，不但未被杀，反被作为拉拢对象加以重用了。

为了替提拔他的恩人刘牢之报仇，刘裕联合北府兵的中下级军官密谋推翻桓玄。桓玄被迫撤出建康，把晋安帝也带走了。

刘裕打败桓玄后，把晋安帝接回建康，重登皇帝宝座。

刘裕成了东晋王朝的中兴功臣，晋安帝把指挥军队的大权交给他，让他坐镇京口，管理徐、青二州。后来，晋安帝又让刘裕做扬州刺史，兼任代理尚书，把政权也交给了他。

大权在握，刘裕便有了政治野心，也想像刘邦那样做皇帝了。但是他认为时机尚未成熟，于是他又出兵讨伐北方的南燕和后秦。他知道北伐是百姓的愿望，打了胜仗会提高自己的威望，有利于夺取东晋的天下。

晋安帝义熙五年（409年），刘裕亲自带兵从建康出发，渡过淮河，攻下广固，生擒慕容超，灭了南燕。

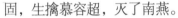

晋安帝义熙十三年（417年），刘裕率军攻入长安，姚泓被迫投降，后秦灭亡了。

刘裕在长安住了两个月，深受关中百姓的拥戴。但他怕离开朝廷太久，大权旁落，决定班师。

刘裕回到建康，晋安帝拜他为相国，封他为宋公。

晋恭帝元熙二年（420年），刘裕见夺取帝位的时机已经成熟，就把晋恭帝废掉，自己做了皇帝，改国号为宋，史称刘宋。

刘裕即位后，公布说："百姓拖欠的债务不再收取；逃避租税和兵役的限期还家，免租税二年。"东晋末年，置官太滥，给人民带来了沉重的负担，刘裕对此进行了制止。在法制上，刘裕对东晋以来严酷刑法也进行了改革。

刘裕虽是行伍出身，识字不多，但他非常重视教育，下令全国各地办学。

刘裕所做的改革，推动了社会的进步，促进了历史的发展。

刘宋历九帝，共60年。

（二）萧齐

宋孝武帝大明八年（465年）五月，孝武帝病死，太子刘子业即位，史称前废帝。他为人荒淫残暴，随便杀人。一天，他命王妃、公主、郡主进宫，在他面前站成一排，让左右随意侮辱她们。南平王刘铄的王妃江氏誓死不从，刘子业竟下令杀了她的三个儿子。接着，又用鞭子抽了江氏一百下。同时，他还滥杀大臣。他这样荒唐，大臣忍无可忍，只得杀了他。史书上称他为前废帝，不承认他是一个正式的皇帝。

接着，孝武帝刘骏的弟弟刘彧做了皇帝，史称宋明帝。

刘彧死后，太子刘昱即位，史称后废帝。他这年刚刚10岁，整天只知道贪玩。不久，皇室中又有许多人争夺帝位，刘昱靠大将萧道成的帮助杀了这些人。

萧道成于宋文帝元嘉二年（427年）生于江苏武进县，自幼喜欢读书。

萧道成14岁时，宋文帝将彭城王刘义康贬为江州刺史，派萧道成的父亲去监视他。萧道成不得不抛弃学业，随父南行，开始了戎马生涯。

在多年的征战中，萧道成有勇有谋，步步高升。到宋明帝时，萧道成已升为右将军了。

两年后，王敬则带兵冲进皇宫，逼刘准交出玉玺，刘准吓得躲到佛龛底下直发抖。在王敬则的威逼下，他只得将玉玺交给萧道成，刘宋灭亡了。

萧道成做了皇帝，改国号为齐，史称南齐，萧道成即齐高帝。这年刘准才13岁，出宫时大哭道："愿今后世世代代不再生于帝王家。"

萧道成认为刘宋亡国的原因有两条：一是王室骨肉相残，削弱了自己的力量；二是从孝武帝起，皇帝生活过于奢侈腐化，加重了百姓的负担，引起了百姓的强烈不满。

为此，萧道成大力提倡节俭，并教育子孙要加强团结。

他下令把后宫用金和铜做的器物以及栏杆、门槛等都改用铁制品，把内殿挂的绣花绫罗帐改为黄纱帐，让宫女一律改穿朴素的紫色鞋子，将皇帝銮驾华盖上的镶金装饰品统统去掉。萧道成常说："让我治天下十年，当使黄金与泥土同价。"

萧道成戎马一生，却饱读经书，对于书法也勤学苦练，水平颇高。他经常写一些字赐给大臣，一些人看了都夸他写得好。萧道成还撰写《齐高棋图》二卷问世，介绍他的棋着。

萧道成只做了四年皇帝就死了。临死前，他把太子萧赜叫到床前，再三嘱咐说："刘氏如果不是骨肉相残，我们萧家哪能坐金銮殿。我死之后，你对兄弟子侄要倍加爱护。他们如有过失，可以严加教训，千万不能杀。这是我们萧家的一条规矩，不仅你要遵守，还要教育好子孙，让他们世世代代都要遵守。"

萧齐历九帝，共24年。

（三）萧梁

齐高帝建元四年（482年），齐高帝病逝，萧赜即位，史称齐武帝。萧赜既保持节俭的作风，也未杀害兄弟。他在位11年，国家没有发生过动乱。

萧赜死后，他的堂弟萧鸾即位，史称齐明帝。萧鸾大杀兄弟子侄，被杀的好多都是贤王。

永泰元年（498年），萧鸾病死。他的儿子东昏侯萧宝卷即位后，皇室内部继续互相残杀，还随便诛杀功臣，萧衍的哥哥即在这时被杀了。

萧衍于刘宋孝武帝大明八年（464年）生于秣陵县，他的父亲萧顺之是齐高帝萧道成的族弟。萧衍自幼酷爱读书，天资聪颖，年纪轻轻就在文学方面崭露头角了。他与当时著名文人沈约等七人交往甚密，时人称之为"八友"。萧衍进入仕途后，一帆风顺。

东昏侯三年（501年），时任雍州刺史的萧衍起兵，立15岁的萧宝融为帝，史称齐和帝。

萧衍攻入建康，萧宝卷在乱军中被杀。一年之后，萧衍逼萧宝融禅位，自己做了皇帝，改国号为梁，史称萧梁，萧衍即梁武帝。

萧衍做皇帝之后，勤于政务，不分春夏秋冬，一年四季总是五更起床，批阅奏章，在冬天把手都冻裂了。他为了广泛纳谏，下令在宫门前设两个盒子，当时叫函，一个是谤木函，一个是肺石函。如果功臣未受赏赐，有政绩的人未被提拔，或有才干的人未被录用，都可以往肺石函里投书。

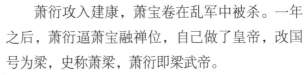

中国古代乱世王朝

如果百姓要给国家提批评意见或建议，可以往谤木函里投书。

萧衍生活节俭，一顶帽子戴三年，一床被盖两年。他不讲究吃穿，衣服可以是洗过好几次的，吃的是蔬菜和豆类，每天只吃一顿饭，太忙的时候就喝点粥充饥。

萧衍这样的皇帝在中国古代皇帝中是独一无二的，只有传说中的尧舜才能做到。

萧衍重视对官吏的选拔任用，要求地方官一定要清廉。他经常亲自召见地方官，教导他们要遵守为官之道。

萧衍下诏，凡是小县令政绩突出的，可以升迁到大县里做县令。大县令有政绩的，可以提拔到郡里做太守。

在萧衍的统治下，国家的吏治大大改善了。

大通元年（527年），萧衍亲自到同泰寺做了三天住持和尚后，开始信佛，再也不近女色，不吃荤了。他不仅这样做，还要求全国效仿。

萧衍统治前期，励精图治，把南朝社会推向了那一时代的巅峰。梁朝国力强盛，扭转了长期以来北朝压倒南朝的局面。他在政治、经济、军事和文化诸方面均有可观的建树，被公认为一代明君。

但是，萧衍到了晚年，简直同以前判若两人，成了典型的昏君。自从信佛后，他把朝政搞得一塌糊涂，北伐全军覆没，国库空虚。

梁武帝最大的失策是接纳北齐降将侯景，给江南百姓带来了巨大的灾难。

梁武帝太清二年（548年），侯景率兵八千攻进建康，下令屠城，自东吴以来经营了二百多年的古城建康成了一片废墟。

四年后，侯景之乱虽然被平定了，但经此一乱，南朝开始衰落了。

南梁历九帝，共56年。

（四）南陈

梁武帝天监二年（503年），陈霸先生于长城县。他自幼胸怀大志，读了大量的史书和兵书，还练就了一身好武艺。他身材高大，长于谋略，深受时人的佩服。

梁武帝死后，侯景拥立太子萧纲做皇帝，史称简文帝。侯景自封为宇宙大将军，仍做丞相，掌管军政大权。他恢复了秦始皇实行过的禁人私语的法律，违反的要株灭三族。不久，侯景派出三路大军攻占了吴郡、会稽等富庶地区。接着，又向江陵进军。

侯景想灭掉梁朝，北伐中原，统一天下后再称帝。

简文帝大宝二年（551年），侯景派出的西征军在巴陵（今湖北岳阳）大败，猛将大多战死。侯景见统一无望，便急于称帝了。这年八月，他废了简文帝，另立豫章王萧栋为帝。十月，侯景派人用土袋将简文帝压死。十一月，逼萧栋禅位，自立为帝，改国号为汉。

在江陵的萧绎是梁武帝的第七子，他同大将王僧辩、陈霸先率领的军队联合作战，打败了侯景，收复了建康。

侯景在逃走途中被部下杀死，尸体运回建康。王僧辩命人将他的首级送往江陵，砍下他的手送给北齐，然后抛尸街头。建康百姓纷纷赶来咬他的尸体解恨，不到一天工夫，尸体上的肉就被咬光了。

陈霸先和王僧辩平定侯景之乱后，萧绎在江陵做了皇帝，史称梁元帝。他

拜陈霸先为大司空，掌管监察和法律，兼任扬州刺史，镇守京口；拜王僧辩为太尉，执掌全国军事，镇守建康石头城。

萧绎做皇帝后，他的兄弟萧纶、萧纪，还有他的侄子萧詧都来争夺帝位，互相攻打，还借了西魏的兵力来消灭对方。西魏早就想灭掉梁国，扩张自己的领土，便发兵帮助萧詧攻下江陵。萧绎出降，在萧詧的怂恿下，北军用土袋将萧绎压死，封萧詧为梁王。

西魏军大肆抢劫，把江陵府库中的珍宝全部抢走，又掠走十余万人做奴仆，弱小者全被杀死。第二年，萧詧自称皇帝，历史上称他所建的国家为后梁。

陈霸先、王僧辩不承认萧詧称帝，在建康拥

立萧绎的儿子萧方智做了皇帝，史称梁敬帝。

这时，北齐派兵要送被东魏俘虏的萧渊明到梁朝做皇帝，王僧辩从个人利益出发，答应了北齐的要求，接回萧渊明，立他为帝，废掉了梁敬帝。

陈霸先不同意这样做，三番五次劝说王僧辩，可王僧辩就是不听。于是，陈霸先起兵进攻建康，除掉了王僧辩。接着，陈霸先又杀了萧渊明，仍旧立萧方智为帝。

王僧辩死后，他的党羽乘陈霸先率军到义兴（原称阳羡，宋改为宜兴，辖今江苏宜兴、溧阳）平叛之机偷袭建康，占领了石头城（在今南京清凉山）。这时，北齐也派兵五千从采石（即牛渚矶，在安徽马鞍山市长江东岸）渡江占领了姑孰（今安徽当涂），控制了建康的西南门户。

陈霸先闻讯后，立即赶回建康，派兵夜袭长江北岸的齐军，烧了北齐的运粮船；然后又包围石头城，切断了城中的水源。齐军为了摆脱困境，被迫求和。

和约达成后，陈霸先一面清除王僧辩的残余势力，巩固后方；一面派遣军队驻扎在淮河沿岸的方山一带，防御北齐入侵。不久，北齐撕毁和约，南下袭梁，到处杀人放火。由于陈霸先早有准备，指挥部队英勇作战，齐军始终不能逼近建康。

建康百姓积极支持陈霸先卫国抗齐，他们用荷叶包饭，夹上鸭肉，争相送到前线慰劳将士。

北齐军到处受到江南百姓的抵抗，没有房子住，军粮接济不上，只好住在泥泞的野地里，靠抢劫填饱肚子。最后，陈霸先打败了北齐军，保卫了家园。

陈霸先战功赫赫，威望日增，梁敬帝封他为陈国公，叫他总揽朝中大权。

梁敬帝太平二年（557年），陈霸先废掉梁敬帝，建立陈国，做了皇帝，史称陈武帝。

陈霸先在位三年，重用贤臣，政治清明，江南局势渐渐稳定下来。陈霸先在抵御侵略、维护社会稳定、保护中国传统文化等方面作出了卓越的贡献，是中国古代杰出的政治家和军事家。

陈朝历五帝，共33年。

 三国两晋南北朝——群雄并立

五、北朝

北朝（386—581 年）是我国历史上与南朝同时代的北方王朝的总称，包括北魏、东魏、西魏、北齐、北周等王朝，还包括统一中国前的北隋。

（一）北魏

淝水之战结束后，前秦灭亡，北方分裂成后秦、后燕、后凉、西秦、北魏等几个政权。

建立北魏的拓跋部原是鲜卑族的一支。西晋末年，晋朝统治者为了对付匈奴人建立的前赵，派人拉拢拓跋部，封拓跋部的大酋长猗卢为代公，把山西代县勾注山以北一带地方让给他统治。过了几年，西晋王朝又封猗卢为代王。

猗卢死后，代国发生了十多年的内乱。后来，猗卢的侄孙什翼犍做了代王。

晋孝武帝太元元年（376 年），前秦皇帝苻坚进攻代国。什翼犍的庶长子寔君为了夺位，杀了他的几个兄弟，连什翼犍也一起杀了。不久，代国被前秦所灭，苻坚将寔君凌迟处死。

苻坚灭了代国之后，想把代国的王孙全部带走。代国有个名叫燕凤的大臣，怕苻坚斩草除根，就设法骗过苻坚，把什翼犍的长孙——年仅 6 岁的拓跋珪保护下来。

拓跋珪自幼聪明，深受什翼犍疼爱。

拓跋珪卓然不群，显得格外英俊。人们都说他将来一定会成为了不起的人物，都把复兴代国的希望寄托在他的身上。

拓跋珪为了复国，天天习武，舞刀弄棒，骑马射箭，样样都练得十分纯熟。他联络了许多能人，等待着复兴代国的时机。

晋孝武帝太元十一年（386 年），前秦苻坚在淝水之战中被东晋打败，拓跋珪乘机在牛川（今呼和浩特）即王位，重建了代国。

不久，拓跋珪把国号改为魏。史书上把拓跋珪建立的魏国称作北魏。

拓跋珪既能打仗，又善于治国。

拓跋珪叫鲜卑人开荒种粮，从事农业生产，改变了以畜牧游猎为主的生活方式。他曾亲自赶牛扶犁，参加耕种。

拓跋珪规定每次打胜仗后，要按功劳大小分发战利品。

拓跋珪既有充足的军粮，又有勇敢作战的将士，因此他能战无不胜，攻无不克，河套一带的部落纷纷投降北魏。从此，北魏土地不断扩大，国力更加雄厚了。

晋孝武帝太元二十一年（396年），拓跋珪称帝。

晋安帝隆安二年（398年），拓跋珪迁都平城（今大同）。这时，北魏已经进入封建社会，成为黄河流域最强大的国家了。

拓跋珪建国后，学习汉人的先进文化，加速汉化进程。

为了培养人才，拓跋珪在平城开办了一所太学，聘请汉族儒生做教师。他还聘请大儒崔宏为他讲《汉书》，从历史上吸取治国经验。

在拓跋珪的统治下，北魏的政治、经济、文化都得到了迅速的发展。到他的孙子太武帝拓跋焘即位时，北魏终于统一了中国北方。

北魏历十六帝，共172年。

（二）东魏

北魏在北方边境设了六个镇，派将士驻守。北魏孝明帝正光四年（523年），沃野镇（今内蒙古五原北）的兵士杀死克扣粮饷的镇将，发动起义，其他五镇纷纷响应。北魏勾结北方的柔然共同镇压，六镇起义失败了。

北魏把起义失败的六镇兵士20多万人押送到冀州，这些兵士在冀州又燃烧起了起义的怒火，准备向北魏都城洛阳进军。这时，部落酋长尔朱荣率领强悍的骑兵镇压了义军。

三国两晋南北朝——群雄并立

义军失败后，尔朱荣掌握了朝中大权，飞扬跋扈。不久，北魏内部发生大乱，朝中大权落在了大将高欢和宇文泰手里。

高欢起兵声讨尔朱荣，大败尔朱氏联军，进入洛阳，立王族元修为帝，史称孝武帝。高欢担任大丞相，在晋阳建立了大丞相府。

孝静帝是北魏孝文帝的曾孙，是个美男子，自幼聪明，爱好文学。他武艺高强，能夹石狮子翻墙，射箭百发百中。他虽是一个文武全才，但受制于高氏父子，只能当一名傀儡，始终未能亲政，只一任便成了亡国之君。

东魏历一帝，共 17 年。

（三）西魏

北魏孝武帝逃到长安后，被宇文泰毒死。

大统元年（535 年），宇文泰另立北魏孝文帝的孙子南阳王元宝炬为帝，改元大统，与高欢所拥立的东魏对立。从这时候起，北魏分裂成两个朝廷。历史上把建都在长安的叫西魏，建都在邺城的叫东魏，也有的历史学家将孝武帝入关那年定为西魏的始年，也就是高欢拥立孝敬帝那年。

元宝炬，鲜卑族，史称西魏文帝。他自幼爱好学习，修得满腹经纶，被北魏孝明帝任命为直阁将军。太昌元年（532 年），北魏孝武帝即位，拜元宝炬为太尉。

大统元年（535 年）正月，元宝炬即位，在位 17 年。他全力支持宇文泰推行改革政策，使西魏迅速强大起来。

西魏时北方经济逐渐恢复，人民安居乐业，奠定了北周统一中国北方和隋朝统一中国的基础。

西魏时期佛教盛行，石窟文化灿烂辉煌，敦煌石窟第 249 窟就是西魏营建的，艺术成就极高。

西魏恭帝三年（556 年）十月，宇文泰去世，其子宇文觉继任太师、柱国、大冢宰。宇文觉年仅 15 岁，军国大事均由堂兄宇文护主持。

同年年底，宇文护逼魏恭帝禅位给宇文觉，建立北周，西魏灭亡了。

中国古代乱世王朝

西魏历三帝，共23年。

（四）北齐

高洋称帝，建立北齐。

高洋即位初期，留心朝政，任用贤臣，严格执法。他还减少官吏，鼓励生产，齐国迅速强盛起来。

可是，没过多久，高洋就腐化了。

高洋做了九年皇帝，由于饮酒过多，肝脏出了毛病，不治而终。

高洋的儿子高殷即位后，改革朝政，凡不能胜任的军官一律退休，靠行贿做官的一律淘汰。这些人怀恨在心，纷纷投靠他的弟弟高演。不到一年，高演夺了帝位，杀了高殷。

高演在位仅二年，一天去打猎摔成重伤。高演因儿子高百年年纪小，把帝位传给了九弟高湛。

高湛做皇帝才三年，就把帝位传给了儿子高纬，自己做太上皇享福去了。

高纬从小在宫中长大，只知道享乐。由于政治腐败，北齐国势一天天衰弱了。12年后，北周武帝发兵灭了北齐。北齐历六帝，共28年。

（五）北周

宇文泰去世后，他的侄子宇文护逼西魏恭帝将帝位禅让给宇文泰的第三个儿子宇文觉，建立了北周。

宇文觉不愿意当傀儡，在亲信的怂恿下想杀掉宇文护，结果反被宇文护杀了。

宇文护又立宇文泰的大儿子宇文毓做皇帝。不久，他将宇文毓毒死了。

接着，宇文护又立宇文邕为帝，史称周武帝。周武帝先集中力量搞好内政，直到12年后才下决心除掉宇文护。

周武帝亲政的第二年，下令释放奴婢和杂户为平民，并制定刑书，用重刑约束骄横的地方豪强。

周武帝发展了生产，减轻了人民的负担，为消灭北齐创造了条件，也为后来隋文帝统一中国打下了基础。

北周历五帝，共 25 年。

（六）隋（统一中国前）

北周武帝是个很有作为的皇帝，而继承他的周宣帝却是一个荒淫残暴的人。

周宣帝死后，他的岳父杨坚掌握了朝中的大权。

杨忠尽心尽力辅佐宇文泰，被封为隋国公。

开皇元年（581 年），杨坚推翻北周，建立隋朝，史称隋文帝。

杨坚在夺取政权之后，进行了一系列的改革，增加了国家的财政收入，出现了国富兵强的景象。

开皇八年（588 年），隋文帝造了大批战船，派他的儿子晋王杨广、丞相杨素担任元帅，贺若弼、韩擒虎担任将军，率领 51 万大军进攻陈朝。

南陈皇帝陈后主是一个荒唐透顶的昏君，只知道吃喝玩乐。

两路隋军逼近建康，京城震动，陈后主这才从醉乡惊醒。

隋军顺利地攻进建康城，陈军将士不是被俘，就是投降了。

隋军冲进皇宫，到处找不到陈后主，便捉了几个太监审问，才知道陈后主逃到后殿，躲进枯井里去了。

老兵把绳子丢到井里，大家一齐用力，却没拉动。又来几个人帮忙，才把陈后主拉上来，原来还有陈后主的宠妃也躲在井底，和陈后主一起被拉了上来。

南朝最后一个朝代灭亡，南北朝结束了。

从西晋灭亡起，中国经过 270 多年的分裂，终于统一了。

中国古代乱世王朝

五代十国——乱世风雨

　　从唐朝灭亡到北宋建立的五十多年间，史称五代十国。在这一历史时期，先后出现了后梁、后唐、后晋、后汉、后周五个朝代。在这一历史时期，还出现了十几个割据政权，主要有前蜀、后蜀、吴、南唐、吴越、闽、楚、南汉、南平、北汉，统称十国。关于五代十国的年限，一般传统说法认为唐朝亡于 907 年，北宋建于 960 年，因此五代十国存在于 907 年至 960 年期间。

一、后梁

从唐朝灭亡到北宋建立的五十多年间，史称五代十国。在这一历史时期，先后出现了后梁、后唐、后晋、后汉、后周五个朝代。在这一历史时期，还出现了十几个割据政权，主要有前蜀、后蜀、吴、南唐、吴越、闽、楚、南汉、南平、北汉，统称十国。关于五代十国的年限，一般传统说法认为唐朝亡于907年，北宋建于960年，因此五代十国存在于907年至960年期间。

后梁缔造者朱温是唐末砀山县人。他的父亲朱诚精通五经，在本乡以教书为业，人称"朱五经"，不幸过早地去世了。

朱诚去世后，朱温的母亲王氏见生活无着，便带着三个儿子投奔萧县富户刘崇。

朱温自幼学武，喜欢厮杀场面，从来不怕死，又兼天性狡诈，因此作战机智勇敢，总是冲在最前面，多次立下战功。不久，他便被提升为起义军的队长了。

朱温追随黄巢南征北战，到过安徽、浙西、浙东、福建、广州，又经湖南、湖北、河南，最后向长安进军。

这期间，朱存战死在江南，朱温则因作战骁勇，接连被提拔。黄巢攻入长安后，朱温被任命为东南行营先锋使，成为独当一面的重要将领了。

朱温投降后，削弱了义军的力量，使长安东面的屏障完全丧失，这对义军是一个沉重的打击。

由于朱温受到朝廷重用，动摇了义军的军心。在朱温的影响下，义军将领叛变的事时有发生。

朱温被唐帝重用，成为镇压义军的得力鹰犬。

唐僖宗中和三年（883年）四月初九，黄巢主动撤出长安，由蓝田退入河南。朱温率部与河中官军疯狂镇压义军，被朝廷升为宣武军节度使。

为了独揽大权，朱温又杀掉了请他入关的崔胤及其

中国古代乱世王朝

党羽。

唐昭宗天祐元年（904年），朱温指使牙将寇彦卿向唐昭宗上表，请求迁都洛阳。这时，唐昭宗已成傀儡，身不由己，只得准奏。

朱温命人拆毁宫殿和民舍，取出木材，沿黄河而下。居民被迫东迁，一路哭声不绝。他们痛骂道："国贼崔胤，勾结朱温，引狼入室，致使我们百姓流离失所。"

唐昭宗到了洛阳，虽知朱温是个奸诈之人，但孤掌难鸣，只得暂时依附他。

唐昭宗暗中派密使联络吴、蜀、河东等藩镇，让他们救驾。

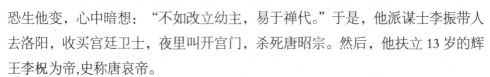

朱温见唐昭宗英气勃勃，有帝王之姿，恐生他变，心中暗想："不如改立幼主，易于禅代。"于是，他派谋士李振带人去洛阳，收买宫廷卫士，夜里叫开宫门，杀死唐昭宗。然后，他扶立13岁的辉王李柷为帝，史称唐哀帝。

唐哀帝天祐四年（907年），朱温改名朱晃，导演了一场大臣劝进、唐朝皇帝自愿禅让的闹剧，当上了皇帝，建都汴梁，国号为梁，史称后梁。

朱温称帝后，全国还有许多割据势力存在，如河东的李克用、四川的王建等。

朱温一心想统一全国，开始穷兵黩武。经过将近一年的攻战，后梁军将潞州团团包围。朱温满以为可以稳操胜券了，不料李克用的儿子李存勖亲自率领大军将后梁军击败，并缴获了大批粮草器械。朱温叹道："生子当如李存勖。我的儿子比起他来，真如猪狗一般！"

朱温不甘罢休，亲自率军与李军会战，仍是大败，损失惨重，只得退回汴梁。

朱温靠武力夺得帝位，因此对手握兵权的功臣存有戒心。于是，他寻找各种理由削夺他们的兵权，甚至将他们杀戮。每天早晨，这些功臣先与家人诀别后再入朝；侥幸从朝中回到家中后，还要庆贺一番。

朱温的长子朱友裕早已死去，另有二子朱友珪、三子朱友瑱、幼子朱友敬与养子朱友文。在这几个儿子中，朱温对养子友文更看重一些。

后梁最盛时疆域约为今河南、山东两省，陕西、湖北的大部以及河北、安徽、江苏、山西、甘肃、宁夏、辽宁的一部分。

朱友珪杀父后，自立为帝。次年正月，改元凤历。二月，朱温第三子朱友瑱发动洛阳禁军兵变，逼朱友珪自杀。

乾化三年（913年），朱友瑱在开封称帝，史称后梁末帝。末帝猜忌方镇大臣，内部分裂，国力进一步削弱了。

后梁龙德三年（923年）十月，后唐庄宗李存勖攻入开封，末帝自杀，后梁灭亡了。

后梁历三主，共17年。

二、后唐

后唐的缔造者李存勖于唐僖宗光启元年（885 年）生于晋阳，从 10 岁起就随父亲李克用南征北战，两军间的残酷厮杀对他来说从小就习以为常了。

唐昭宗乾宁二年（895 年），李克用大捷，派 11 岁的李存勖进京报捷。见李存勖两目有光，英气逼人，唐昭宗不禁叹道："这孩子不亚于他父亲。"

从此，李存勖有了"李亚子"的称号。唐昭宗经常抚摸着他的后背叮嘱道："你将来一定是国家栋梁，千万要忠于朕家啊！"

李克用是北方少数民族沙陀人，本姓朱邪，因勤王有功，被唐朝皇帝赐姓李。因他瞎了一只眼睛，外号叫"独眼龙"。他参与镇压黄巢起义后，唐僖宗任命他为河东节度使，后来又封他为晋王。他拥兵占据河东大片地区，成了实力雄厚的地方军阀。因此，他和大军阀朱温发生了利害冲突，朱温总想消灭他。

李克用死后，李存勖继任晋王。为了给父亲报仇，为了争夺天下，他把军队训练得十分精锐。他治军很严，给军队定了三条军法：第一，出兵作战时，骑兵不见敌人不许骑马。步兵和骑兵要按照各自的位置进行攻战，碰到危险也不许越位躲避；第二，各部队分路并进时，必须在规定的时间到达指定的地方会合，不许误时；第三，行军途中，如果有敢于称病的人，立即斩首。对这样严厉的军法，将士们都很害怕，不敢稍有违犯，因此打起仗来人人争先，拼死向前，无不以一当十。

李存勖勇力过人，武艺精湛，一向把打仗当做游戏。作战时，他不顾自己的统帅身份，总是冲到最前面，冒险跟敌人单身搏斗。

李存勖出兵跟后梁军打了几次大仗，把五十万梁军打得大败而逃。朱温又

（侧栏竖排）五代十国——乱世风雨

差又恼，一病不起。接着，李存勖发兵攻破幽州，活捉刘仁恭、刘守光父子，把他们押回晋阳斩首。李存勖又大破南侵的契丹军队，把他们赶回北方去了。

后梁末帝龙德三年（923年），李存勖灭了后梁，统一了北方，即位称帝，史称后唐庄宗。建国号为唐，定都洛阳，史称后唐。

李存勖为父亲报了仇，当了皇帝，便认为大功告成，从此只顾享乐去了。他在宫里养了很多伶人，专门演戏给他取乐。有时，他也穿上戏装，和伶人一起登台表演。他还给自己取了个艺名，叫"李天下"。

庄宗宠爱伶人，一些伶人开始胆大妄为了。他们随便出入宫廷，任意侮弄朝臣。最受庄宗宠信的伶官景进为了讨好他，专门探听宫外的消息，回来说给他听。谁要是得罪了景进，他就无中生有，添油加醋地在庄宗面前说谁的坏话，叫谁倒霉。人们见了景进，没有不害怕的，一些朝臣和藩镇争着贿赂景进。只要他在庄宗面前替谁说句好话，谁就会官运亨通，步步高升。后唐降将段凝想方设法贿赂景进，竟当上了节度使。庄宗甚至不顾大臣的反对，任命伶人去当刺史。而那些真正有功的武将和有才能的文官，反倒得不到提拔和重用。

李嗣源监国后，任命自己的中门使安重诲为枢密使，掌管军机要务；令各地访寻逃散的诸王，一有消息，即令安重诲派人就地杀掉；派女婿石敬瑭为陕州留后，防备庄宗之子魏王李继岌的伐蜀军东进洛阳，并派养子李从珂为河中留后，防备李继岌北归晋阳。接着，他派人要蜀地行政长官孟知祥封锁汉中，不让李继岌入川，形成了对李继岌的包围。这时，身为伐蜀大军统帅的庄宗之子李继岌已经灭蜀，正在归途中。几天后，李继岌被随从缢杀，征蜀大军由任

环率领归附李嗣源。

李继岌死后的第四天，消息传到洛阳，60多岁的李嗣源身着孝服，在庄宗枢前即位，成为后唐第二代皇帝，史称后唐明宗。

明宗自幼从军，目不识丁，各地的上书都让安重诲读给他听。安重诲识字不多，许多奏章无法读通，只得向明宗提出，明宗便任命冯道与崔协为宰相。

宰臣选好后，明宗开始着眼于治理国家。在庄宗统治的几年中，最突出的问题是财力不足，官吏欠俸，士兵缺饷。庄宗在位时，租庸使孔谦只知横征暴敛，不注意发展生产和与民休息，弄得民不聊生，经济凋敝。明宗称帝后，前朝的财政危机继续加重，百官俸禄不仅要折合成实物下发，而且每日只能折合成五十钱的实物，应当正月发放的俸禄往往要拖到五月才能兑现。不解决这一问题，李嗣源的江山是坐不稳的。因此，在安重诲等人的协助下，明宗采取了一系列措施增加收入，稳定政治局面。

对于豪强官僚兼并土地、侵凌百姓的行为，明宗也严加制止。

对朝中官吏，明宗规定凡是有名无实、人浮于事的冗员一概废除。

当时，洛阳一带集结着大批军队，军粮运输十分困难。明宗命令诸军分别移驻附近有粮的州县，免除了军粮运输的负担。

经过明宗的努力，后唐的社会生产大大地发展了，财政状况也明显地好转。府库充实，粮食有余，有的州郡十文钱就可以买到一斗粮。

明宗在位八年，后唐百姓获得了休养生息的机会。

后唐长兴四年（933年）十一月，明宗病逝。其子李从厚继位，史称闵帝。

后唐应顺元年（934年）四月，河东节度使李从珂起兵杀掉李从厚，自立为帝，史称末帝。

937年一月十一日，李嗣源的女婿石敬瑭勾结契丹攻入洛阳，李从珂自杀，后唐灭亡了。

后唐历四帝，共14年。

三、后晋

后晋缔造者石敬瑭生于唐昭宗景福元年（892年），沙陀人。石敬瑭的父亲原名臬捩鸡，是沙陀部落一员善于骑射的武将，曾为后唐立过不少战功。石敬瑭是他的第二个儿子。

臬捩鸡虽然目不识丁，但因久居内地，受到中原汉文化的熏陶，便仿效汉族习俗，给孩子取名石敬瑭。

唐末天下大乱，战争频繁，唐王朝名存实亡，藩镇割据十分剧烈，兵连祸结，岁无宁日。石敬瑭自幼好武，并常以将门之子自命，极崇拜战国名将李牧和西汉名将周亚夫。他苦读兵书，用心习武，决心走父亲的道路。

石敬瑭高大魁梧，仪表堂堂，性格深沉，沉默寡言，举止与众不同。李克用的义子李嗣源非常器重他，便招他做了女婿。

石敬瑭和李从珂早年都以勇敢善斗不相上下，成为明宗的左右亲信。然而，两人互相嫉妒，互不服气，内心存在着很深的隔阂。

办完丧事后，石敬瑭便被末帝软禁了。石敬瑭的妻子永宁公主和岳母曹太后多次向末帝求情，但朝中一些老臣都劝末帝将石敬瑭留在朝中，不要放他走。

后来，末帝见石敬瑭久病之后，骨瘦如柴，认为他不会惹事，便说："石郎和我是至亲，而且从小和我同甘共苦。如今我当了皇帝，不依靠石郎依靠谁?"说完，就把石敬瑭放了。

石敬瑭回到河东后，一面装病，一面积极策划起兵。此后一两年内，双方结怨更深。末帝深悔不该放虎归山。

石敬瑭贿赂曹太后左右的侍女，叫她们暗中留意末帝的动静。末帝的一言一行，石敬瑭全都知道。

末帝清泰三年（936年）正月，朝中文武大臣及各地的节度使都带着礼物进宫为末帝祝贺，只有石敬瑭一人未到，末帝心中十分不安。

中国古代乱世王朝

末帝见书大怒，立即派大将张敬达带兵数万向河东扑来，包围了晋阳。石敬瑭率兵迎战，同时派桑维翰向契丹求援。桑维翰替石敬瑭起草了一道降表，向契丹太宗耶律德光称臣称子，还许诺打败后唐后，割让卢龙和雁门关以北的燕云十六州作为答谢之礼。

降表写好后，刘知远说："这样不妥啊！称臣已经够了，认耶律德光为父，未免太过分了。只要送给他们金银绸缎，他们就会出动大军，不必割让土地的。这会留下后患，将来后悔就来不及了。"石敬瑭对于人头落地的情景见得多了，为了保命，为了确保契丹出兵，他不肯听刘知远的，立即派密使将降表从小路送往契丹国。

耶律德光看了这些条件，有点动心了。他想：我深入敌境，晋安寨一时难以攻下，赵德钧兵力尚强，唐将范延光在东，山北诸州又可能断我归路。

想到这里，耶律德光决定答应赵德钧的要求。

石敬瑭闻讯，心急如焚，立即派桑维翰跪在耶律德光大营中哀求。

桑维翰费了九牛二虎之力，一把鼻涕一把眼泪，凭着三寸不烂之舌，说了一整天，最后才使耶律德光答应继续帮石敬瑭。耶律德光指着帐外的大石头对赵德钧的使者说："我已答应石郎了。这块石头烂了，我的心才能改变。"

桑维翰回去报信，石敬瑭才放下心来。

一切料理完毕，石敬瑭会同契丹兵攻打晋安寨。后唐将领高行周、符延卿几次率骑兵出战，因寡不敌众，只得退回寨中。

晋安寨被围数月，粮草俱尽，只得淘粪喂马。战马相食，鬣毛和马尾都咬光了。马死后，将士们便分吃马肉。援兵竟然久而不至。

张敬达为人刚直，人送外号"张生铁"。部将杨光远和安审琦劝他说："事已至此，不如投降契丹吧。"张敬达说："我受明宗和当今皇上厚恩，身为元帅而不能破敌，罪过已经不小了，又怎能投降呢？援兵旦夕将至，还是等一等吧。

万一势穷力尽，你们砍下我的头去投降也不晚。"杨光远向安审琦递眼色，要他下手杀死张敬达，安审琦心中不忍。

高行周知道杨光远要杀张敬达，总是率领几个骑兵跟着张敬达。张敬达觉得奇怪，对别人说："高行周总跟着我，是什么意思啊？"高行周听了，便不敢尾随了。

一天早晨，诸将晋见元帅时，高行周和符延卿未到，杨光远趁机砍下张敬达的头，投降契丹，晋安寨落入石敬瑭手中。

经过短时间的休整，石敬瑭和耶律德光率领军队继续南下，进攻赵德钧。赵德钧不战而败，被石敬瑭俘获。

石敬瑭死后，冯道和侍卫马步都虞候景延广商议，认为国家多难，应由长君主持朝政，于是立年长的石重贵为帝。

接着，朝廷上讨论如何向契丹告哀。景延广说："不必用奏章，只写封信就行了。而且只称'孙'，不要称'臣'。"大臣李崧反对说："这恐怕不妥！为了国家委屈自己，并不羞耻。陛下如果不肯委屈，势必同契丹开战，到那时后悔就来不及了。"但景延广坚持己见，冯道模棱两可，石重贵接受了景延广的意见。

耶律德光封石重贵为负义侯，要送他到黄龙府去安置。耶律德光派使者对石重贵的母亲李太后说："听说石重贵不听你的话，才到今天这个地步。你可随意去留，不必和他同行。"李太后说："他侍奉我十分孝顺。他错在违背父亲遗志，断绝了两国的友好关系。而今幸蒙天恩饶他不死，我做母亲的不依靠儿子依靠谁呢？"于是，她也随石重贵北上了。

正月初九，耶律德光穿戴汉人衣帽，文武百官照常办公。

正月二十九日这天，耶律德光对原后晋的文武百官说："我们契丹疆域广

大，有好几万里，仅大酋长就有二十七人。中原风俗跟我们完全不同，我想选择一人做你们的君主，你们可有什么意见？"百官齐声说："天无二日，民无二君，无论汉人还是外族人，都拥护陛下当皇帝。"

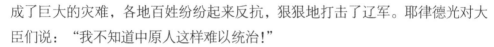

二月一日，耶律德光头戴通天冠，身穿赤纱袍，登上金銮殿，做了汉人皇帝，改国号为辽，尊耶律阿保机为辽太祖。

述律太后派使者携带国内出产的美酒、肉干、水果、蔬菜到开封，送给二儿子，祝贺他平灭后晋的丰功伟绩。耶律德光在永福宫大宴群臣，每次举杯时，他都站起来喝，并说："太后所赐，不敢坐着喝。"

耶律德光虽然在开封做了皇帝，但并没有站住脚。由于辽兵在中原四处抢掠，给百姓造成了巨大的灾难，各地百姓纷纷起来反抗，狠狠地打击了辽军。耶律德光对大臣们说："我不知道中原人这样难以统治！"

三月八日，耶律德光借口说："天气渐渐热起来，这里难以住下去了，我打算暂时回北方去探望太后。我会留一个最亲信的人在这里当节度使的。"大臣们说："何不把太后接到这里来？"耶律德光说："太后的家族庞大，像千年老树一样，盘根错节，不能移动。"

三月十七日，耶律德光动身北上，带走了后晋官员几千人，禁卫军几千人，宫女太监几百人。国库和宫中的所有金银珠宝也全都装车拉走了。路上，耶律德光说："我在北国时，常常射箭打猎，真是一件乐事。到中原后，整天闷得很。现在回去了，就是死了也没有遗憾了。"

但他还未走到家乡，就病死在路上了。他发起高烧来，将冰放在胸口、腹部和四肢，仍是受不了。接着，他又将冰含在嘴里，仍是热得不行。最后，他病重不治。

耶律德光虽然失败了，但他的继任者不忘中原财富，向往中原的先进，屡次南侵，成为北方的严重边患。

后晋历二帝，共 11 年。

四、后汉

后汉缔造者刘知远是沙陀人，原是石敬瑭的大将。对于石敬瑭认贼作父，出卖民族利益，割让领土，甘心做儿皇帝，刘知远是不同意的。

石敬瑭做皇帝后，刘知远做了晋阳留守。石晋瑭临死前，要召刘知远到朝中任职。石重贵即位后，对刘知远一直不信任，不肯召他进京。刘知远知道后，便暗暗招兵买马，收罗各方面的力量壮大自己，以求自保。

石重贵即位后，任用景延广为宰相。景延广主张抗辽，不久晋辽战争便爆发了。

开始时，后晋军民同仇敌忾，奋力作战，打退了辽军。石重贵和文武大臣被胜利冲昏了头脑，竟误以为这是他们的功劳，不但不感激军民，反而更加残暴地压榨百姓。百姓饥寒交迫，对后晋王朝彻底绝望了。

不久，辽主耶律德光率辽兵卷土重来。石重贵任命姑父杜重威为全军统帅，率军抗辽。杜重威是个贪婪无耻的人，他也想像石敬瑭那样借辽国的力量做皇

帝。因此，他一到前线就出卖了民族利益，解除武装，投降了辽国。辽军如入无人之境，直捣开封。石重贵出降，后晋灭亡了。

耶律德光在开封穿上了汉族皇帝的龙袍，做了皇帝，杜重威的皇帝梦破灭了。

这时，刘知远听说皇帝蒙难，便在晋阳集合各路兵马，宣布了东征日期。将士们齐声说："辽兵攻陷京城，俘虏皇上。国不可一日无君，而今日可以为君的，舍大王其谁？请大王登基称帝，然后名正言顺地东征。"

刘知远说："契丹的势力仍然很大，我们的军威还不足以先声夺人。因此，我们必须先建功立业。你们当兵的懂得什么！"

过了两天，行军司马张彦威一连三次上书，请刘知远称帝，刘知远犹豫不决。大将郭威劝道："如今不论

远近，军心民意都盼望大王称帝，这正是天意啊。如果不趁此机会早登大位，人心一变，反而会引来杀身之祸的。"刘知远听了这话，才点头同意。

五月十二日，刘知远率领大军从晋阳出发了。第二天，就接到大将史弘肇的捷报——泽州攻下来了。

泽州攻下后，黄河以南的辽军纷纷北逃。刘知远兵不血刃，从晋阳一直进入开封，这都是史弘肇的功劳。

在军事方面，刘知远委托杨邠、郭威去办理。

第二年正月二十七日，刘知远病危，召苏逢吉、杨邠、史弘肇、郭威进宫接受遗诏说："我力气已尽，呼吸困难，不能多说话了。承祐年纪还小，后事全靠你们了。"接着又说："要谨防杜重威！"不多时，瞑目而死。

苏逢吉等人封锁消息，不使外人知道。

过了三天，苏逢吉等人用刘知远的名义降诏说："杜重威等人在我生病之时妖言惑众，动摇军心，应将杜重威以及他的儿子杜弘璋、杜弘琏、杜弘璨一律斩首。后晋公主石氏及其他远近亲族，不加追究。"

杜重威的尸体拖到街上示众时，百姓争着割他的肉吞吃，顷刻割尽，只剩下一堆白骨。

次日，又用刘知远的名义降诏，封皇子刘承祐为周王兼同平章事。不久，宣布刘知远去世的消息，公布遗诏，让刘承祐即位。

后汉高祖刘知远的李皇后是晋阳人，出身贫贱。刘知远年轻时在晋阳牧马，见李氏貌美而又贤淑，便夜入其家，将其掠走为妻。婚后，李氏劝刘知远道："你有勇有谋，何不投军？为人牧马，岂不埋没终身？"在李氏劝说下，刘知远投到后唐明帝麾下，因作战智勇双全，升至骑将。后来，他帮助石敬瑭建立后晋，被任命为河东节度使、北京留守。李氏被封为魏国夫人。后汉高祖天福十二年（947年），契丹侵入开封，俘获后晋出帝，后晋灭亡了。

刘知远决定驱逐契丹，夺回中原。出征前，为了赏赐将士，高祖想把钱摊派在百姓身上。李氏听说后，忙劝阻道："国家之兴，全赖土地和百姓。如今

五代十国——乱世风雨

国家新立，百姓未受恩惠，反要夺其钱财，这不是新天子爱护百姓的道理啊！现在，应该拿出宫中的积蓄赏赐将士。虽然钱财不多，将士也不会有怨言的。"高祖听了李氏之言，觉得极为有理，不禁改容道："遵命了。"于是，倾宫中所有，全部用以赏赐将士。朝野听说此事后，无不感动振奋。

刘知远进入开封后，改国号为"汉"，立李氏为皇后。

高祖去世后，隐帝继位，尊李氏为皇太后。

后周显德元年（954 年），李皇后去世。

后汉历二帝，共 4 年。

五、后周

唐昭宗天复四年（904年），后周缔造者郭威生于邢州尧山（邢台市隆尧县西）。

晋王李克用在位时，郭威的父亲郭简在他手下担任顺州刺史。幽州军阀刘仁恭攻破顺州时，郭简被杀了。这时，郭威才几岁。不久，母亲也去世了。

郭威成了孤儿，还是个孩子，贫困无依，无法独立谋生，只得投奔潞州人常氏。

18岁时，郭威投军，在后梁潞州留守李继韬部下当兵。

郭威身材魁梧，力大无穷，作战勇敢，深受李继韬的赏识。

郭威爱喝酒，喜欢打抱不平。一天，郭威酒后上街，见一个屠户欺行霸市，大家都很怕他。郭威不服气地走到这个屠户面前，让他割肉。屠户割完肉后，郭威故意说割得不对，并大声斥责他。屠户咽不下这口气，扯开衣服用手指着肚子说："算你有种量，你敢杀我吗？"郭威借酒使气，照他肚子就是一刀，将他捅死了。

屠户一命呜呼，郭威被抓进监狱。李继韬佩服他的勇气和胆量，偷偷将他释放，然后又将他召到麾下当兵。

后唐庄宗李存勖攻灭后梁时，杀了李继韬。李继韬的部队被收编，郭威因为识字，粗通文墨，被任命为军吏。

郭威喜欢读书，尤其喜欢读兵书《阃外春秋》。《阃外春秋》的作者李筌，道号达观子，陇西人，曾于唐玄宗开元（713—741年）年间担任荆南节度使。后来，他被奸相李林甫排挤，怀才不遇，便隐居在嵩山的少室山上修道。他留下了几卷兵书，最著名的有《太白阴经》、《阃外春秋》等。郭威一拿起《阃外春秋》，

便手不释卷，细心揣摩，终于懂得用脑子打仗了。

刘知远担任后晋侍卫亲军都虞候时，郭威主动投到他的麾下，深受器重。

契丹灭后晋时，刘知远起兵太原，即位后拜郭威为枢密副使。

刘知远临终前，将太子刘承祐托孤于郭威和史弘肇。

刘承祐即位，史称隐帝，进封郭威为枢密使。

接着，郭威又说："我有幸能够统率军队，凭借大汉之威打败贼军，并非我一人之功，全靠将相贤明，能够尽忠朝廷，安定天下，又按时供应军需物资，因此我才能用心打仗。"

隐帝认为郭威是贤人，于是将杨邠、史弘肇、苏逢吉等人全部召来，都赐予玉带，郭威这才接受了。

郭威又把功劳推给大臣，请求封爵和赏赐。于是隐帝加封窦贞固为司空，苏逢吉为司徒，苏禹珪、杨邠为左右仆射。

这样，郭威不但赢得了军心，也赢得了民心。

郭威进京后，率百官朝见太后，请立嗣君。太后下令说："文武百官和六军将校，可议择贤明之人，以承大统。"几天后，郭威率百官到明德门，请立武宁军节度使刘赟为嗣。

十二月，郭威派人迎接刘赟，出其不意将其杀死。

次年正月，郭威在众将拥戴下做了皇帝，建立周朝，史称后周。

后周显德元年（954年），郭威病死。柴荣即位，史称周世宗。

北汉主刘崇趁后周国丧，勾结契丹南侵，想一举消灭后周。世宗闻讯，毅然率领人马前去抵御，打败了刘崇。刘崇只得披上蓑衣，戴上斗笠，仅带一百余人狼狈地逃回太原。

会战胜利后，柴荣为寻求治国方略，经常寝食不安。他对近臣说："我刚刚即位，经历还浅，懂得的事情不多，而国事这样重大，我担心不能办好。"为了集思广益，世宗开始求贤求谏。他规定臣子要随时上书议事，批评朝政，推荐人才。

显德二年（955年），世宗命令文臣武将都要写《为君难为臣不易》和《平边策》各一篇，提供治国方略和进取大计。

大臣王朴在《平边策》中说："中原残破，来自于政治腐败，以致君昏臣邪，兵骄民困。现在要想治国，一要整顿政风，好官留下，坏官革职，君臣间以诚相见，建立严明的考核与赏罚制度；二要理财，减轻赋税，让百姓过上温饱的日子。只有这样，国家才有可用的人才和物力，才能完成统一天下的大业。"

王朴的建议正合柴荣的心意。于是，他开始大刀阔斧地进行改革。

世宗重用人才，任人唯贤。一天，柴荣要提升出身低贱的魏仁浦当宰相。有人说："魏仁浦不是科举出身，不能当宰相。"柴荣反问道："自古以来有才能的宰相，难道都是科举出身吗？"他力排众议，破格任用小吏出身的魏仁浦当了宰相。

为了防止舞弊，世宗下令对已选取的进士进行考核。世宗所任命的官员都是有才干的。唐末以来，佛教在中国发展得很快。后周时，寺院遍及各地，有僧尼近百万。许多富户为了逃避赋役，托名僧尼，甚至将庄园托名寺产。军队中的逃兵、无业游民、逃亡奴婢、罪犯等也多遁迹寺院，求得庇护。这使国家失去了大量的劳动力和收入。世宗下令道："除少数法定寺院外，其余一律废除。"经过整顿，废去寺院三万余所，裁减了大批僧尼。

经过世宗的改革和整顿，中原经济迅猛地向前发展，社会秩序安定，百姓生活逐步改善，为统一全国奠定了基础。

世宗三征南唐，取得了江北十四州六十县的土地。

接着，世宗决定收复幽州。显德六年（959年）三月，世宗亲自统兵北伐，战争进展得非常顺利。四月，契丹宁州刺史王洪献城投降。接着，益津关契丹守将终延辉开关投降。赵匡胤率军进入瓦桥关，契丹守将姚内斌也献城投降了。仅四十二天，后周大军就收复了三关十七县土地，契丹统治者惊慌失措。

　　世宗准备直取幽州，先头部队已经攻入易州、固安。这时，世宗突然患病了。他只得在瓦桥、益津两关设雄、霸二州，留兵驻守，然后匆匆回师南下了。

　　回到开封后，到第十八天，年方 39 岁的世宗就病死了。收复燕云十六州全部失地的雄心壮志未能实现。

　　周世宗死后不久，后周大将赵匡胤夺取后周政权，建立了宋朝，五代这段历史时期结束了。

中
国
古
代
乱
世
王
朝

六、十国

1. 前蜀

前蜀的缔造者王建生于唐末战乱时期，是许州舞阳人。他家境贫寒，没读过书，目不识丁。

王建先世以卖饼为业，号称饼师。不过，他没有继承祖业，而是贩卖私盐。

那时，各地方镇割据，相互攻伐，朝廷无法控制局面，常常受制于人。

一天，王建因得罪乡宦，被关进许州监狱。后来，他逃出监狱，藏进武当山中。一个老和尚见了王建，认为他不是等闲之辈，

便对他说："乱世出英雄！像你这样的人，恐怕只有去投军才能有出息。"于是，王建投到忠武节度使杜审权麾下，当了一名士兵。因他作战勇敢，又有计谋，很快便被提升为军官了。

不久，监军杨复光挑选勇士组成八支劲旅，称作忠武八都，任命王建等八人为都将，各辖一千人为一都。

黄巢攻克长安前，唐僖宗逃往四川。

唐僖宗中和三年（883年），都将鹿晏弘借口迎接逃往四川躲避黄巢义军的唐僖宗，率领王建等人进驻兴元，拥兵自重，要割据一方。

鹿晏弘性好猜忌，凶狠残暴，王建等人不堪忍受，在田令孜的引诱下，与晋晖等五人率本部人马三千余人奔往成都，投奔了唐僖宗。

王建率军围攻成都，一连三日未能攻下，只得退回汉州。

从此，王建以汉州为据点，屡次进犯西川诸州，但并无进展。

唐僖宗文德元年（888年）三月，唐僖宗病逝，唐昭宗即位。王建对部将说："我在军中多年，深知用兵若不用天子名义，不仅敌城不会归顺，自己的将士也容易离散。"于是，他抓住这个机会，让谋士周庠代他起草一份奏章，要求为朝廷讨平陈敬瑄。

唐昭宗在做寿王时就对田令孜不满，即位后便罢了田令孜的监军之职，勒令致仕；他还要收回陈敬瑄的节钺。田、陈二人拒不受命。

如今，唐昭宗见了王建的奏章，正合其意。他决定借此机会将西川控制在朝廷手中，便派宰相韦昭度为西川节度使兼两川招抚制置等使。

这年十二月，唐昭宗调军近十万，任命韦昭度为招讨使，王建为行营诸军都指挥使，攻打成都，并特地割西川邛、蜀、黎、秭四州，设置永平军，以王建为永平军节度使。

韦昭度和王建围困成都达三年之久，仍不能攻克。这时，朝廷苦于运粮，而且各地藩镇混战不已，因此唐昭宗决定召回韦昭度，恢复陈敬瑄的官爵，命王建退兵归镇。

王建闻讯，马上和周庠商议对策。周庠劝他请韦昭度还京，由他自己独力攻打成都。王建觉得有理，立刻上表朝廷，极言田、陈罪大恶极，不可赦宥，要求予以诛灭，以肃纲纪。然后劝韦昭度还朝，把讨伐重任交给他。

韦昭度刚一出川，王建马上派兵扼守剑门关，关上了蜀中大门。接着，他率领士兵猛攻成都，并且暗地里派部属潜入成都探听敌情，分化城内守军。

成都经过三年围困，处境已经十分困难，百姓与士兵饿死无数，常发生人吃人的现象。

唐昭宗大顺二年（891年）八月，成都粮尽兵疲，田令孜与陈敬瑄只得开城投降。

2. 后蜀

后蜀的缔造者孟知祥是邢州龙冈（今河北邢台西南）人，武艺高强，智勇双全。祖父孟察和父亲孟道在郡里做军官，而父亲孟道于唐朝末年在河东任职，是晋王李克用的部下。

后唐朝廷发生内乱，死人的事如同儿戏。为了自保，孟知祥一心经营蜀中，有了称王的念头。他训练军队，扩充兵力达七万多人，对于朝廷的命令开始抵制。

后唐明宗在世时，碍于对他的恩宠，孟知祥一直没有称帝。等明宗一死，他就听从赵季良的劝告，于第二年，即后唐应顺元年（934 年）在成都正式称帝，建立蜀国，史称后蜀。这时，后唐大乱，李从珂在凤翔起兵夺位，李从厚派兵镇压，大败而逃，根本无暇顾及西蜀。

孟知祥在四川采取了一些惠民措施，废除苛捐杂税，减轻了百姓的负担。

为了促进农业生产，孟知祥组织人力修缮水利设施。

孟知祥还整顿吏治，派遣清官上任，治理地方，巩固四川的统治。

在孟知祥的苦心经营下，蜀地逐渐稳定下来，生产力得到了恢复和发展，一斗米只值三文钱。

孟知祥去世后，其子孟昶继位。他下令在成都城墙上遍种芙蓉，美化城市。每当九月花开，全城一片锦绣。成都简称蓉城，就是从孟昶植蓉开始的。

后蜀宰相毋昭裔与赵崇祚编印唐、五代词五百首，取名《花间集》，对后世影响很大。毋昭裔还出私资百万营建学馆，并雕版刻印《九经》，使蜀地文风大盛。

后蜀历二主，共 32 年。

3. 吴

吴国的缔造者杨行密是庐州合肥（今安徽合肥）人。他从小成了孤儿，吃了好多苦，饱受磨炼，成年后力气极大，能轻而易举地举起一百斤重的东西，能日行三百里。

唐朝末年，各地纷纷爆发农民起义。为了生存，杨行密也参加了江淮一带的农民起义。起义失败后，杨行密被捕。庐州刺史见他相貌奇伟，没有处死他，而是将他放了。

后来，杨行密在州里募兵时投军，经常立功，很快升为队长，不久被派到朔方（今宁夏灵武西南）去戍边。一年后期满回来，因为没有送礼，军吏又让他去戍边。临行时，军吏假装好人，问他还缺什么，杨行密大怒道："就缺你的头！"说完，一刀将军吏的头砍下。

杨行密重视人才，知人善任，能够做到人尽其才。对于原属敌对集团的人才，他也能加以重用。杨行密旧友宁国节度使田发动叛乱时，一批属吏也卷了进去，如善于理财的宣州长史骆知祥和善于写文章的观察牙推沈文昌。尤其是沈文昌，曾为田撰写檄文辱骂杨行密。平叛后，杨行密对这两人不加惩治，反加重用。他用骆知祥为淮南知计官，掌管财政；用沈文昌为节度牙推，在幕府中担任要职。这两人都为吴国做出了巨大的贡献。

从唐末至五代，吴国统治江淮地区近四十年。它与中原王朝几成南北对峙之势，使得南方诸政权并存的局势得以实现。

唐哀帝天祐二年（905年），杨行密病死，其子杨渥继位。

杨渥喜好游乐，又排挤功臣。徐温发动兵变，杨渥被架空，于908年被杀，由其弟杨隆演继位。

919年，杨隆演正式即吴王位，改元武义，徐温继续独掌大权，杨隆演无法控制局面，于920年郁郁而终，其子杨溥继位，于927年正式称帝，大权依然掌握在徐氏手中。

937年，杨溥让位于徐温养子徐知诰，吴国灭亡了。

吴国历四主，共36年。

4. 南唐

南唐的缔造者李昪是徐州人，小名彭奴。

李昪的父亲李荣崇信佛教，积德行善。李昪六岁时，父亲被乱兵所杀，不久母亲也去世了。伯父李球无力抚养他，便把他送进濠州开元寺当了小和尚。

唐昭宗乾宁二年（895年），淮南节度使杨行密攻陷濠州，掠走了彭奴。因见他长得浓眉大眼，有一股英气，便收他为养子，极其喜欢他。但杨行密的几个儿子见彭奴英俊，心中嫉妒，容不下他。杨行密无可奈何，只得把彭奴送给爱将徐温。从此，彭奴成了徐温的养子，取名徐知诰。

徐知诰长大成人后，身高七尺，四方大脸，声如洪钟，不怒而威。

梁末帝贞明五年（919年），徐温拥立杨行密的第二个儿子杨隆演为吴王，徐温则担任大丞相，掌握了朝中实权。

徐温死后，徐知诰继续掌握朝中实权，被封为齐王。

吴睿帝杨溥天祚三年（937年），徐知诰50岁了。他是个有野心的人，见老之将至，便急于夺位受禅了。这年十月，他逼杨溥禅位，改吴天祚三年为升元元年，自称皇帝，建国号为大齐。

徐知诰封徐温第五子徐知证为江王，第六子徐知谔为饶王，对徐温的后代都很厚待。

徐知诰称帝后，继续任用吴国旧臣，使政局得以保持稳定。

升元二年（938年）九月，太府卿赵可封请徐知诰恢复李姓，设立宗庙。为了内部稳定，徐知诰没有答应。这样，徐姓大齐王朝又存在了一年。

李昪在位的十几年间，南唐户口增加，财用充足。

李昪设太学，兴科举，大建书院、画院，使南唐成为乱世里文人士大夫的理想栖身之所。江北士人多流落到此，南唐的文化之盛在五代十国中是绝无仅有的。

李昪澄清吏治，不用外戚辅政，不准宦官干政。在当时南北其他各国，在这方面都没有南唐做得好。

李昪称帝后，仍然保持艰苦朴素的作风，不忘本。他衣着朴素，脚穿蒲履，夏天在寝殿穿麻布衫。他不用金器、银器和玉器，平时用的是铁脸盆。宫殿不加扩建，仅布置一些盆景而已。左右侍候他的宫女不多，年纪大些就裁掉。

晚年，李昪为了长生，相信方士之言，服用丹药，中毒而死，在位七年。

南唐历三主，共39年。

5. 吴越

吴越国的缔造者钱镠于唐宣宗大宗六年（852年）生于浙江临安。

钱镠出生时，父亲钱宽正在他处。邻居跑来告诉他说："你家生个男孩，屋里传出了兵甲和马嘶声，乱作一团。"

钱宽认为这是不祥之兆，回家抱起钱镠就要往井里扔。祖母听说后，急忙跑来，硬是将钱镠夺下了。因此，钱镠小名叫婆留，是祖母留住了他的命。

钱镠自幼聪明，很有胆量。他家门外有一大片空地，空地上立了一根大木头，木头下面有块大青石。钱镠和邻家的孩子常在空地上玩耍，在大木头下面做游戏。每逢做游戏时，钱镠总是往大青石上一站，指挥小朋友们集合、整队、

五代十国——乱世风雨

操练，像个将军似的。孩子们都乐意听他的指挥，大家玩得很高兴。

钱镠长大后，勇敢好斗，专爱舞枪弄棒，武艺过人，善于射箭，一把长矛舞得神出鬼没。

唐朝末年，天下大乱，钱镠参军，不久升为偏将。他在镇压黄巢起义中立过功，先后升任刺史、节度使。后梁开平元年（907年），后梁太祖朱温封他为吴越王。

吴越拥有现在浙江全省、江苏南部和福建北部一些地方，它的北边和西边是南唐，南边是闽国，东边靠海。

南唐的地盘比吴越大得多，实力也比吴越雄厚。钱镠知道自己的处境危险，怕南唐来攻打，不敢疏忽大意。他晚上不敢安稳地睡觉，叫人用小圆木做了个枕头。要是睡得太熟，脑袋一动就醒了。他把这个枕头称为"警枕"，后世传为佳话。

钱镠年纪稍大后，特地在卧室里放了个盛白粉的盘子，晚上想起什么事就随时写在粉上，免得忘记。他还让侍从通宵值班，外面有人要来议事，就让值班的人把他叫醒，以免误事。

钱镠整天兢兢业业，十分注意发展农业生产。他在位期间，做了两件极有意义的事：一是修建钱塘江海堤和海塘，二是兴修吴中水利工程。

钱塘江的入海口十分宽阔，海潮倒灌时，常常冲上江岸，威胁着杭州城与

中国古代乱世王朝

周边农田的安全。钱镠下令征召大批民夫、工匠，凿石填江，修筑了一道坚固的石堤，保护了杭州城和农田。钱镠还叫人把江中的巨石炸平，让舟船航行，便利了水上交通。建造了龙山、浙江两座闸门，阻止海水内灌。还在许多河渠上建造了堰闸，可以蓄水泄洪，不怕旱涝。

由于钱镠的子孙牢记钱镠的教导，吴越亡国时，他的子孙受到宋太祖和宋太宗的善待，百姓也避免了刀兵之苦。

吴越历五帝，共86年。

6. 闽

闽国的缔造者王审知是唐末光州（今

河南固始）人，他的五代祖曾做过固始县令。从四代祖一直到父亲王凭都以务农为生。

王审知的哥哥王潮在县里做小吏，二哥和他在家务农。他们兄弟三人在当地都以勇武出名。

黄巢起义军打进长安时，各地起义不断发生，寿州人王绪也起兵打进了固始。

王绪在固始扩充军队，发展势力，听说王潮兄弟很有名气，便将他们招进军中，任命王潮为军校。

王绪为了站稳脚跟，投靠了据守蔡州的秦宗权，秦宗权便任命他为光州刺史，让他配合官军攻打黄巢起义军。王绪不满秦宗权常常征收赋税，而且也不愿意受他控制，就迟迟不肯发兵。

秦宗权大怒，兴师问罪，王绪寡不敌众，只好率军退出固始，南下寻找发展机会。

王绪率军一直打到福建境内，军队发展到数万人。

这时，泉州的父老乡亲也拦在路中，带来牛酒犒军，流着眼泪恳求王潮为他们除害。

见百姓这样恳求，王潮便答应了。他顺应百姓意愿，领兵包围了泉州城。

泉州城墙坚固，廖彦若驱兵死守，一时难以攻下。

王潮有泉州百姓支持，粮草供应充足，围困一年之后，王潮终于攻入泉州，处死了廖彦若。福建观察使陈岩顺应民意，任命王潮为泉州刺史。

王潮收编了泉州守军，扩充了军队。他减轻赋税，废除苛政，受到军民的拥戴。

陈岩临死之前本想让王潮代他主持福建军政，但未等发出任命他就死了，他的妻弟范晖夺取了政权。王潮不承认范晖主政，让三弟王审知进兵福州，讨伐范晖。

福州城比泉州城更难攻，王审知激励将士，将福州围得如同铁桶一般。围困一年后，城内粮草用光，属将杀了范晖开城出降。

王潮将官署迁到福州，礼葬了陈岩，把自己的女儿嫁给陈岩的儿子，厚待其家属。

王潮赢得了福州的民心，唐昭宗任命他为福建观察使。

王审知被大哥任命为副使，但他没有一点骄横之气。王审知很有度量，有时被大哥责打斥骂也毫无怨言，这使王潮对这个弟弟格外器重。王潮病倒后，没让四个儿子主政，而是把军政大权交给了三弟。

王审知以保境息民为立国方针，劝农桑，轻租税，结好邻国，奖励通商，闽国百姓得到三十多年的休养生息，都过上了温饱的生活。

闽国占地五州，即福州、建州、汀州、泉州、漳州，约占今福建的四分之一。

不幸的是，王审知死后，继任者多是暴君。

王延翰自称大闽国王，在福州湖滨建了十几里长的楼阁，称为水晶宫，经常游玩不归。

王延钧称帝，沉湎酒色，不理朝政。

王延羲即位后，更是荒唐。一天和群臣喝酒，一个个陆续喝醉被扶走了，只有翰林学士周维岳还在旁边陪他喝。王延羲问道："维岳身体矮小，怎么这么能喝？"左右侍者回答道："他有别的肠子，喝酒不在身体大小。"王延羲听了很好奇，让人将周维岳揪到殿下，要剖腹看看他的"别肠"。这时，旁边有人劝道："杀了维岳，以后就没人再陪陛下喝酒了。"王延羲觉得此言有理，又将周维岳放了。

王延羲让人用银叶打造酒杯，让大臣用以饮酒。银杯柔软，酒倒满后就没法放下了，只能喝完后才能放下。群臣不胜酒力，因为喝酒出错而被杀头的人不计其数。

王审知的继任者一个比一个荒唐，国家大乱，南唐趁机进兵，王审知的另一个儿子王延政无力抵抗，只得投降，闽国灭亡了。

闽国历六主，共37年。

7. 楚

楚国缔造者马殷是许州鄢陵（今河南鄢陵）人，少年时当过木匠，应募从军后，在秦宗权军中当小将。

唐僖宗光启三年（887年）十月，马殷、刘建峰随秦宗权、孙儒大军与杨行密争夺扬州。

唐昭宗景福元年（892年）六月，孙儒战败，被杨行密所杀，马殷与刘建峰带残兵败将七千余人逃往江西洪州。马殷智勇双全，善于带兵打仗，很快就在江西聚集了十万余人。

唐昭宗乾宁元年（894年），刘建峰、马殷率部攻入湖南。

唐昭宗乾宁二年（895年）四月，任命刘建峰为湖南节度使，马殷为马步军都指挥使。

唐昭宗乾宁三年（896年），节度使刘建峰被部将所杀。马殷战功卓著，待人宽厚，深得将士拥护，被推举为节度使。

知人善任的马殷重用能征惯战的秦彦晖、李琼等将领继续征战，开拓疆土。从唐昭宗光化元年（898年）五月至光化二年，先后攻占衡州、永州、道州、郴州、连州等，占有湖南全境。

光化三年（900年）后，马殷夺取桂、宣、柳、岩、象五州，后又攻占澧、郎二州，势力范围包括湘、桂等省二十余州，拥兵十余万人。

马殷采纳谋士高郁的建议，向后梁进贡称臣，保境安民。

后梁开平元年（907年）三月，马殷被后梁太祖朱温封为楚王，定都潭州（今长沙）。

马殷利用楚国产茶多的特点，提倡种茶，让农民自采茶叶卖给北方客商，官收茶税。

每年楚国向梁太祖贡茶万斤，以换取卖茶权。梁太祖准许楚国在汴、荆、襄、唐、郢、复等州设立茶叶商店，运茶到黄河南北交换衣料和战马，获利十倍。

马殷为了招徕四方商贾，特地免收商税。

为了发展商业，马殷采纳大臣高郁的建议，利用湖南盛产的铝、铁铸钱，十文当铜钱一文，通行境内。商人出境后，铝、铁钱不能使用，只好购买湖南物产带走。楚国就这样利用境内所余之物换取天下百货，国家渐渐富了起来。

马殷闭境自保，使国家少受兵乱，避免了战祸。

后唐明宗长兴元年（930年），马殷病卒，终年79岁。马殷死时遗命诸子兄弟相继，马希声、马希范相继嗣位。

马希范奢侈无度，赋税苛重，学士拓跋恒上书说："足寒伤心，民怨伤国，愿陛下减轻赋税。"马希范大怒，斥退拓跋恒。

后汉高祖天福十二年（947年），马希范病死，众兄弟争位。一部分楚臣拥立马希广为楚王，另一部分楚臣拥立马希萼为楚王。

马希萼争位不胜，向南唐主李璟称臣求助，后攻入长沙，杀了马希广，自立为楚王。

后周太祖广顺元年（951年），马希崇推倒马希萼，派将官押送他到衡山县囚禁，马希崇自立为楚王。不料，押送官反倒拥立马希萼为衡山王，向南唐求救。

南唐主令边镐率兵攻入长沙，马希崇投降，马希萼被南唐软禁，楚国灭亡了。

楚国历五主，共56年。

8.南汉

南汉缔造者刘的祖父是上蔡（今河南上蔡）人，原是大食商人的后代。

祖父迁到闽地，后因经商到了岭南。刘之父刘谦在唐朝末年弃商从军，被做过宰相的南海节度使韦宙看中，将侄女嫁给他，还不断提拔他。

后来，刘谦升任封州（今广东封开）刺史，拥有步兵上万，战船一百多艘。

刘谦死后，其子刘隐继任封州刺史，势力继续扩大，被后梁封为南海王。

为统一岭南地区，平定割据势力，刘隐连年挥兵出击。刘隐招兵买马，不耻下问，广纳贤才。

刘隐死后，其弟刘继任南海王。不久，他征服了周边的割据势力，在广州称帝，建立了南汉。

刘谦和妻子韦氏生有两个儿子，即刘隐和刘台。后来，刘谦又私纳小妾段氏，生下刘䶮。正妻韦氏大怒，杀了段氏，但未忍伤害还是婴儿的刘䶮，而是抱回去和两个儿子一起抚育。

刘䶮称帝之后，继承哥哥的做法，厚待士人。唐朝流放到岭南的大臣的后代，以及为躲避战乱而逃到岭南的士人，都受到刘䶮的重用。

赵光胤被刘任命为宰相后，总以为自己是唐朝名门望族之后，在南汉任官是身不由己，因此情绪一直很低落，加上亲属在北方，总流露出对家乡的怀念之情。

刘䶮了解这些情况后，特地让人仿照赵光胤的笔迹写了封信，然后派人到北方把他在洛阳的家属都接到岭南。赵光胤感激不已，从此全心全意为刘䶮处理政事。

对于意见不一的人，刘䶮也不加害，而是用其他办法解决。在他称帝时，王定保极力反对，刘䶮便让王定保出使南平，然后称帝。王定保回岭南后发现生米已经煮成熟饭，又发起牢骚来，还讥讽刘䶮。刘䶮并不往心里去，只是得意地笑笑而已。

刘䶮与邻国建立友好关系，通过儿女婚姻避免战争。

刘䶮兴办学校，提倡教育，在国内推行科举制度，地方官全用文人，避免了藩镇割据，使南汉国力蒸蒸日上。

刘䶮在晚年大建宫殿，极尽奢华，用金银珠宝和奇异珍玩装饰其中，令人眼花缭乱。

岭北商贾到岭南时，刘䶮往往招他们去看宫殿，夸耀自己的财富。

刘非常残忍，常用一些酷刑，如炮烙、截舌、灌鼻、刀劈、锯割等。行刑时，刘䶮极喜欢观看。见到受刑人痛苦地挣扎时，他竟高兴得手舞足蹈，嘴里还念念有词，口水都流了出来，国人都认为他是怪物投胎所生。

南汉光天元年（942年），刘䶮去世，其子刘玢继位。

刘玢贪图享乐，不思治国，致使境内发生起义，南汉开始走下坡路了。

次年，刘晟杀兄自立，虽然他

从南楚手中夺取了不少地盘，但他大肆屠杀皇族和部下，使南汉政权江河日下。

南汉大宝元年（958 年），刘晟病逝，其子刘鋹继位。

刘鋹是个昏君，重用宦官和女官，朝政日益混乱。

宋太祖开宝四年（971 年），宋军进攻南汉。南汉无力抵抗，刘鋹出降，南汉灭亡了。

南汉历五主，共 67 年。

9. 南平

南平的缔造者高季兴是陕州峡石（今河南三门峡东南）人，幼年时给汴州商人李七郎做家奴。后来，李七郎被朱温收为义子，取名朱友让。高季兴随朱友让觐见朱温时，朱温特别看中他，认为他是个人才，让朱友让收他为义子。

朱温围攻凤翔时，高季兴因献诈降计有功，由牙将升为颍州防御使。

后梁太祖开平元年（907 年），朱温称帝，建立后梁，任命高季兴为荆南节度使。

这时，荆南只存荆州一州，其他如归、峡、夔、忠、万、澧等州都已为其他割据势力所夺。高季兴赴任后，招集流民，网罗士人，在唐末进士梁震等人的辅佐下，积蓄力量，准备割据。

后梁末帝乾化四年（914 年），后梁封高季兴为渤海王。

后唐灭后梁后，高季兴向后唐称臣。后唐庄宗同光二年（924 年），封高季兴为南平王，正式建国。

后唐灭前蜀后，高季兴得到了归、峡二州。高季兴还想得到夔、忠、万等州，但后唐不给，只得作罢。

南平是五代十国时期最小的国家之一，疆域盛时约包括今湖北西部、重庆东部等地。

荆南虽地狭兵弱，却是南北交通要冲、往来使节必经之地。

这时，南汉、闽、楚都向中原称臣，而每年进贡都要向荆南借道。高季兴虽然做了南平王，但旧性难改，经常扣留使者，劫其财物。各国来讨伐他时，他便如数奉还，毫无愧色。南汉、闽、楚各国国主称帝后，高季兴为贪图赏赐，又先后向他们称臣。因此，高季兴被各国称为"高赖子"。

后唐明宗天成四年（929年），高季兴病死，后唐明宗追封他为楚王。为了与南边的楚国区分，又称"北楚"。

南平是南北交通枢纽，又是北方小朝廷与吴、蜀、楚诸国的缓冲地，依靠商税，勉强自成一国。

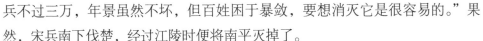

宋太祖建隆四年（963年），宋太祖使卢怀忠去南平观察情形，卢怀忠回来说："荆南有兵不过三万，年景虽然不坏，但百姓困于暴敛，要想消灭它是很容易的。"果然，宋兵南下伐楚，经过江陵时便将南平灭掉了。

南平历五主，共57年。

10. 北汉

刘崇是后汉高祖刘知远的亲弟弟，长得与众不同，有一副美髯，而且重瞳。但他空有一副好皮囊，却嗜酒成性，喜好赌博，是个草包。

刘崇没有本事，全靠哥哥刘知远提拔，升得很快。刘知远做河东节度使时，提拔他为河东马步军都指挥使，居哥哥之下，坐了第二把交椅，专管军事。

后晋开运三年（946年），契丹灭掉后晋，刘知远起兵太原，做了后汉皇帝。刘知远领兵南下，驱逐契丹，夺取开封后，便以开封为都城，将原来河东这块根据地交给弟弟刘崇掌管，以太原为北京，任命刘崇为北京留守。

刘知远死后，其子继位，史称隐帝，由郭威等一些老臣把持朝政。

郭威为稳定局势和人心，没有立即称帝，而是让太后出面处理大事，自己在幕后操纵。他怕刘崇起兵声讨他，便提议立刘崇的儿子刘赟为帝。

刘崇头脑简单，看不出郭威的企图，还真以为可以高枕无忧了，他喜形于色地说："我儿子要做皇帝了，我还有什么担心的呢！"

刘崇身边的谋士提醒他早做准备，他根本听不进去。为探听虚实，他派人到开封去了解情况。

郭威知道刘崇派人来的意图，便用手指了指自己在身份低微时脖子上刺的飞雀说："自古哪有雕青天子，你回去告诉刘公，请不要猜疑，我对朝廷决无二心。"

刘崇听了使者的报告，更加相信了，一心只想凭借儿子的帝位获得更大的荣耀和利益。

这时，大臣李骧站出来说："郭威发兵犯上，目无君王，他不会甘心做臣子的，更不可能让刘姓人做皇帝。我们应该出兵太行，把守关口，观察事态发展。等刘赟登基后，我们再撤兵回来。"

刘崇听了，大骂道："你这个臭儒生，想挑拨我们父子关系吗？"

说罢，命人将李骧推出斩首，李骧悲叹道："我为蠢人谋事，真是该死！但我的妻子有病，无法独自谋生，请准我与她同死吧。"

刘崇将李骧和他的妻子都杀死了。

刘崇杀了李骧后，派人进京将此事告诉太后，以示忠心无二。不久，郭威即杀掉刘赟，在开封称帝，建立了后周。

中国古代乱世王朝

刘崇这才大梦初醒，深悔未听李骧之言。于是，他立即据晋阳为都称帝，国号仍是汉，史称北汉，年号仍称乾祐，表示继承后汉的正统。为了忏悔，他为李骧修了一座祠堂，焚香致祭。

刘崇任命陈光裕为宣徽使结交契丹，自称与后周有仇，愿意效仿后晋高祖石敬瑭称契丹主为叔皇帝。契丹主大喜，派大臣册封刘崇为"大汉神武皇帝"。

为了替儿子报仇，刘崇与契丹联兵进攻后周，结果大败而归。

后周太祖显德元年（954 年），郭威病卒，柴荣即位，史称周世宗。

刘崇以为报仇时机已到，借得契丹骑兵一万，自带轻骑三万，进攻潞州，向后周宣战。

由于刘崇轻敌，北汉军大败。刘崇慌不择路，仅率十余骑逃回太原。

周世宗乘胜追击，直趋晋阳城下。不久，周兵粮草不继，只得撤军。临走时，迁走北汉臣民十余万，使北汉的兵源和粮源发生很大的困难。

第二年十一月，刘崇忧病而死。他所建立的北汉偏处晋中一隅，屡靠辽兵增援才得以幸存。刘崇刚愎自用，昏聩无能，既无率兵之才，更无称帝之德。他乞求契丹为援，大损国人颜面。

刘崇死后，其子刘钧继立，奉辽帝为父皇帝。

河东之地，盛唐时有 279100 余户。北汉建立后，战事频繁，兵役繁重，强征 17 岁以上男子当兵；又滥征赋税，进贡辽国。百姓被迫大量逃亡，以躲避战乱和横征暴敛。北汉灭亡时，仅剩下 35200 余户，为盛唐时的八分之一。

天会十二年（968 年）七月，刘钧因宋军压境，国势日窘，忧闷而死，养子刘继恩即位。

同年九月，刘继恩被杀，另一个养子刘继元即位。

太平兴国四年（979 年），宋太宗赵光义率军亲征北汉。宋军先击溃辽国援军，而后猛攻太原，北汉主刘继元被迫出降，北汉灭亡了。

北汉历四主，共 29 年。

宋代——文治兴盛

公元960年，赵匡胤推翻了北周，建立了宋朝。宋朝统治者鉴于历史经验，决心在统治策略上由原来的重视"武功"改为强调"文治"，一方面迫使将帅们交出兵权，一方面重用文人，把军队置于文官控制之下。为了解决文官紧缺的问题，北宋统治者在前80余年采用扩大科举取士名额的方法大量选拔人才。于是出现了三次著名的兴学运动。这三次兴学运动对宋代官学制度的发展产生很大影响。

一、兄弟俩开创一代文治

宋太祖

宋朝是赵匡胤和他弟弟赵光义联手建立的。

唐朝灭亡后，我国北方相继出现了五个朝代，即后梁、后唐、后晋、后汉、后周。

后周广顺元年（951年），郭威建立后周，史称后周太祖。

三年后，郭威病死，皇后柴氏无子，她的侄儿柴荣继位，史称后周世宗。

正当后周世宗夙兴夜寐，南征北战，打算统一全国时，不幸于后周显德六年（959）突然生病去世了。他7岁的儿子柴宗训继位，史称后周恭帝。

第二年正月初一，正当后周君臣庆贺新年时，北方传来警报说："北汉和辽国联兵南下，声势很大！"朝廷闻报，忙派赵匡胤率领大军前去抵抗。

赵匡胤时年33岁，正担任殿前都点检，是皇帝亲军的最高长官。他还兼任归德军节度使，肩负防守都城汴京的重任，掌握着后周的军事大权。

赵匡胤状貌雄伟，豁达大度，战功累累。他多次冲锋陷阵，身先士卒，在军中树立了极高的威信。

赵匡胤率领大军出发后，走到汴京东北一个叫陈桥驿的地方宿营时，将士们议论说："如今皇上年幼，不能主持朝政。我们舍生忘死为国杀敌，有谁能知道呢？不如立赵点检做天子。"

五更时分，军士齐集驿门前，宣称要立赵匡胤做天子。

黎明时分，军士拥到赵匡胤寝门前，赵匡胤的弟弟赵光义忙进去通报。

赵匡胤起身来到户外，只见众将手持兵器，列队站在庭前，齐声说："诸军无主，我们愿意拥戴点检做天子！"

赵匡胤还未来得及回答，就有人将事先准

备好的黄袍披在他的身上。接着，众将士跪地高呼万岁，然后拥他一起上马。

赵匡胤揽辔问道："我有号令，你们肯听吗？"

众将士纷纷下马，异口同声地回答说："我们惟命是从！"

赵匡胤说："那好，当今皇上和太后都是我侍奉的，你们不能惊扰他们；朝中的大臣都是我的同僚，你们也不许冒犯；国库和百姓的家，你们不许抢劫。凡是听令的，今后定有重赏；违令的，立即严办！"

众将士再拜齐呼："听令！"

于是，赵匡胤整军回京。

后周大臣韩通性情刚直，听说赵匡胤造反，忙从内廷飞奔回家，要起兵镇压，被赵匡胤的部将王延升杀死。

众将士将后周宰相范质等大臣拥到赵匡胤面前，要他们拜见。赵匡胤见了他们，呜咽流涕说："我有背天地，竟做出了这种事！"

范质还未来得及回话，赵匡胤的部将罗彦瓌按剑上前大喝道："我辈无主，今日必须立一位天子！"

范质等人互相看了看，只得走下台阶，列队下拜，然后召集文武百官。

下午，朝班确定下来。翰林承旨陶谷从袖中拿出周恭帝的禅位制书，宣徽使引导赵匡胤向北下拜接受禅让，然后扶赵匡胤登上崇元殿，穿上龙袍，戴上皇冠，即皇帝位，建立了宋朝，史称宋太祖。

这年，赵光义 21 岁。

赵匡胤称帝后，先后攻灭南平、后蜀、南汉、南唐和湖南等割据政权。

宋太祖虽出身行伍，但喜欢读书，即使在军中也总是手不释卷。他不但喜欢读书，还能吸收书中的知识，颇能独立思考，常有独到的见解。

为了不让属下有闲话讲，宋太祖律己甚严，常以历史上皇帝的功过为鉴。一些知识分子总是歌颂唐太宗有接纳谏言的雅量，对此，他有不同的看法，他说："唐太宗能够纳谏，大臣直言其过他不以为耻，何不干脆不犯过错，让人无闲言啊?"

宋太祖爱读史书,甚至提出要所有武将都要大量读书,学会治国的道理。宋太祖是打天下的武将,称帝后,牢记《史记》中所说的"马上得天下,岂能马上治之"的话。

宋太祖称帝不到半年,就有两个节度使起兵反对他。他御驾亲征,费了好大周折才平定叛乱。为此,他总觉得龙椅坐得不太踏实。

有一天,宋太祖问宰相赵普说:"唐末以来战乱不已,不知道死了多少人。这到底是为什么呢?"

赵普回答说:"道理很简单,战乱的原因在于藩镇的权力太大。如果将兵权集中到朝廷,天下自然就太平无事了。"

宋太祖听了连连点头,赞扬赵普说得在理。

接着,赵普对宋太祖说:"禁军大将石守信和王审琦兵权太大,还是把他们调离禁军为好。"

宋太祖笑了笑说:"这你完全可以放心,这两人都是朕的老朋友,不会反对朕的。"

赵普摇了摇头说:"我并不担心他们会叛变。但据臣看,这两个人都没有统帅的才能,管不住下面的将士。万一他们下面的人闹起事来,只怕他们也身不由己啊!"

宋太祖听了这话,恍然大悟,高兴地说:"多亏你提醒。"

几天后,宋太祖在宫里设宴,请石守信、王审琦等几位老将喝酒。

酒过三巡,宋太祖说:"要不是你们帮助,朕也不会有今天。但是,做皇帝也有很大的难处,还不如做节度使自在。这一年来,朕没有一夜睡过安稳觉。"

石守信等人听了,忙问其故,宋太祖说:"这还不明白?皇帝这个位子谁不眼红呀?"

石守信等人听出话音来了,一个个都慌了,跪在地上说:"陛下何出此言,谁还敢对陛下三心二意?"

宋太祖摇摇头说:"对你们朕还信不过

吗？只怕你们的部下有人贪图富贵，把黄袍披在你们的身上，你们想不干能行吗？"

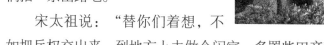
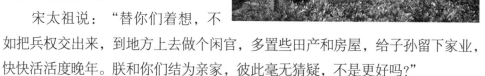

石守信等人听到这里，感到大祸临头，含着眼泪说："我们都是粗人，没想到这一点，请陛下为我们指一条出路吧。"

宋太祖说："替你们着想，不如把兵权交出来，到地方上去做个闲官，多置些田产和房屋，给子孙留下家业，快快活活度晚年。朕和你们结为亲家，彼此毫无猜疑，不是更好吗？"

石守信等人异口同声地说："陛下为我们想得太周到了！"

第二天上朝，石守信等人都递上奏章，说自己年老多病，请求辞职。宋太祖马上准奏，收回他们的兵权，赏给他们一大笔财物，打发他们到地方上去做节度使。

历史上把这件事称为"杯酒释兵权"。

宋太祖收回将领的兵权后，建立了新的军事制度，从地方军队挑选精兵编成禁军，由皇帝直接控制，各地的行政长官也由朝廷委派精明强干的文官担任。通过这些措施，新建立的北宋王朝渐渐稳定下来，为宋朝文治创造了一个良好的环境。

收回兵权后，宋太祖又决定加强君权。

一天早朝，文武大臣汇报自己的事情后，一个个退到殿外，走在最后的是后周留任的宰相范质。当范质快要走出殿门时，宋太祖突然说："范老爱卿请留步，朕有一事与你相商。"

听到这话，范质急忙转过身来回到殿上，重新坐在自己的座位上。原来，在中国古代，宰相的地位是很高的，可以坐着和皇帝说话，而其他官员只能站着。

范质坐下后，宋太祖递给他一份大臣的奏折说："范爱卿，你看这事如何处置？"

范质接过奏折仔细地看了起来。这时，宋太祖从龙椅上站了起来向后宫走去。

范质看完奏折后，想好了处置的办法，可是等了半天也不见宋太祖出来，就起身去找他。

这时，宋太祖走了出来，范质连忙回到座位前要坐下，却发现椅子已经没有了。

原来，趁范质起身时，宫中侍卫悄悄把椅子拿走了。

范质不知如何是好，只得站着和宋太祖说话。

从这以后，上朝时宰相也和其他大臣一样只能站着和皇帝说话了。这作为一项制度确定下来，后来一直被各朝所沿用。

赵匡胤称帝后，在政治上实行了加强中央集权的一系列措施，军事上开始统一全国的征战，在思想文化方面则兼容并蓄，以儒家思想为统治思想的主体，又允许其他各种宗教存在和发展，使它们共同为皇帝服务，从而为佛教的发展提供了前提。

周世宗坚决反佛，但佛教在吴越、南唐、后蜀等南方割据国仍很流行。宋太祖统一后，对佛教采取保护政策，以争取南方的支持。进士李蔼曾作《灭邪集》反佛，宋太祖说他"非毁佛教，诳惑百姓"，把他流配到沙门岛去了。

建隆元年（960年）六月，宋太祖降诏，让各地保护寺院，度童行（习佛法的学童，不剃发）八千人，作为佛教继续发展的人才储备。乾德四年（966年），宋太祖又在全国各地选拔了一百五十七名僧人，西去印度求法。这是中国历史上第一次由皇帝亲自组织的大规模的求法活动，其目的是为佛教发展寻求理论。乾德五年（967年），宋太祖降诏，不准再行毁坏铜铸佛像。

宋太祖认识到佛教对封建统治有一定的裨益，决定保护佛教，用以加强国内的思想统治。

开宝四年（971年），宋太祖令张从信到成都刻印佛教大藏经。

自汉朝到隋唐，佛经在中国的流传主要靠写本流传。佛教经典卷帙浩繁，需日积月累始能抄写完毕，抄写佛经极为不易，因此写经被佛教颂为三宝功德之一。雕版印刷术的发明为佛经的广泛流传开辟了新的途径，宋太祖决定刻印佛经。按佛教的说法，全部佛教经典汇集在一起称为大藏经。大藏经分为三部分，即经藏、律藏和论藏。所谓经藏，专指释迦牟尼所述佛法之经文，其中只有一个例外，即禅宗六祖慧能的《坛经》也属经藏；所谓律藏即佛教全部戒律；所谓论藏即一切关于佛教的论著，既有印度僧人的论述，也有中国或其他国家和地区僧人的论述。宋太祖刻印的大藏经始于开宝四年（971年），历时十三载，共刻印版十三万块，计六百五十三帙，约合六千六百二十余卷，成为中外一切官私刻藏的范本。

隋唐时期，在医学理论、药物学、方剂学以及临床医学方面，出现了一批专著，如巢元方的《诸病源候论》、杨上善的《黄帝内经太素》（简称《太素》）《唐本草》孙思邈的《备急千金要方》《千金翼方》和王焘的《外台秘要》等。由于医学书籍多依赖辗转手抄流传，以致讹误很多；而唐末五代长期的社会动荡，造成了大量医学文献的毁灭和散失。因此，最大限度地搜集、利用当时尚存的医学文献，编纂医学著作以保存医学文献已迫在眉睫。宋太祖组织翰林医官院修编了《开宝详定本草》和《开宝新详定本草》。

为了搞好文治，为知识分子营造宽松的政治环境，宋太祖在太庙寝殿的夹室里镌立了一座一丈来高的石碑，名为"誓碑"，规定春秋庙祭及新天子继位参拜列祖列宗后，礼官要请皇帝默读誓词。这个仪式极神秘，皇帝默诵誓词时，身边只留一名不识字的小太监，因此除了皇帝谁也不知道誓词的内容。直到北宋末年金兵攻陷开封洗劫太庙时，碑文才流传于世。

原来，誓碑上的碑文共有三条：一、柴（荣）氏子孙有罪不得处以刑罚，纵然犯谋逆大罪，只可于狱中赐其自尽，不得在市曹刑戮，亦不得连坐支属；二、不得杀士大夫及上书言事人；三、子孙有违此誓者，天必殛之。

誓词很简单，却把阅读誓词的方式弄得十分神秘，目的是要对后世子孙产生一种特殊的约束力。誓词中的第二条，极有利于调动知识分子的聪明才智，因而宋朝涌现那么多杰出的政治家、文学家、思想家，使宋朝的文治达到了中国封建社会的顶峰。

宋太宗

开宝九年（976年）十月，宋太祖突然死去，他的弟弟赵光义登基，是为宋太宗。

宋太宗决定完成哥哥未竟的事业，使用政治压力，迫使吴越和闽纳土归降，两浙、福建归入了宋的版图。

太平兴国四年（979年），宋太宗亲率大军北征，采用围城打援的战法，派潘美等率军四面合围太原，并击败了辽国的援兵，灭了北汉。至此，安史之乱以来200多年的军阀割据局面基本上结束了。

北宋的统一为南北经济、文化的发展创造了有利的条件。

宋太宗是北宋第二位皇帝，比宋太祖小12岁，在位22年，享年58岁。

宋太宗勤于政事，关心民间疾苦。有一年，天气非常寒冷，京城下了大雪。宋太宗在皇宫中穿着棉衣，守着火炉，还是觉得十分寒冷。他想天气这么冷，穷苦的百姓可怎么活下去呢？于是，他叫官员带着粮食和木炭送给京城那些穷苦人。京城里的人见了，都夸宋太宗是个好皇帝，能雪中送炭，及时帮助别人。

宋太宗继位不久，一些节度使进京朝见皇帝，宋太宗在御花园举行宴会请他们喝酒。席上，宋太宗说："你们都是国家老臣，现在藩镇的事务那么忙，还要你们干这种苦差事，朕真是过意不去！"

有个乖巧的节度使立即站起来说："陛下说得是，臣本来没什么功劳，留在这个位子上也不合适，请陛下准我告老还乡吧。"

有个节度使不知趣，借酒大夸自己，说自己立过多少功劳。宋太宗听了，皱着眉头说："那都是陈年老账了，不要总是挂在嘴上。"

第二天，宋太宗把这些节度使的兵权全都解除了。后来，干脆把三十多位节度使调进京城养了起来。至此，节度使完全没有了军权，成为一种荣誉性的虚衔。

接着，宋太宗建立起一套完善的文官制度。

太平兴国二年（977年），宋太宗举行了继位后的第一次科举，录取人数远远超过前朝，多达五百余人，仅进士就有一百零九人。终宋太宗一朝，科举考试登第的近万人。

通过科举，宋太宗网罗了许多人才。宋朝上至中央下至郡县，衙门里坐着管事的都是文官，标志着文官政治的形成。宋太宗让这些文官关心百姓，重视农业，兴修水利，奖励生产。

北宋初年，史馆藏书万余卷；后来削平诸国，各国藏书集中到京师；宋太宗又降诏让百姓献书。这样，国家藏书达到了八万卷。这些书集中于史馆、昭文馆、集贤院，通称三馆。三馆房屋卑陋，地近闹市。宋太宗到三馆查看藏书时，感慨地说："三馆如此简陋，如何接待天下贤士啊！"于是降诏另修新馆，赐名崇文院。

太平兴国二年，宋太宗降诏，让李昉、扈蒙、徐铉、张洎等儒臣利用国家藏书编类书一千卷，书名《太平总类》；编文章一千卷，书名《文苑精华》；编小说一千卷，书名《太平广记》；编医方一千卷，书名《神医普救》。这几部书因编于太平兴国年间，所以大都冠以"太平"二字。

这些书整理了宋初的皇家藏书，保存了宋以前的大量书籍资料。后来，这些藏书散失，许多历史典籍就靠他们编的这几部书保存下来。因此，宋太宗降诏编书是一件功在千秋的壮举。

《太平总类》于太平兴国八年（983年）编成。成书后，宋太宗对宰相说："新编的《太平总类》，从今日起每日进三卷给朕，朕要亲览。"

宰相说："陛下以读书为乐自然是好事，但一天看三卷书恐怕太伤神了。"

宋太宗说："朕性喜读书，开卷有益。每见前代兴废，可以作为鉴戒。此书不过千卷，朕每天读三卷，定于一年读完。"

从这天起，宋太宗每日读《太平总类》三卷，从不间断。如有哪一天事情太多而未能读完三卷，则一定在以后有空时补上。一年后，宋太宗果然读完了《太平总类》，并赐此书名为《太平御览》。宋太宗从《太平御览》中读了大量史实，因而学问十分渊博，经常和群臣讨论历史上的帝王得失，处理国家大事也十分得心应手了。

大臣们见皇帝如此勤奋读书，也纷纷效仿，朝廷上下形成了一股读书的风气。

宋太宗喜欢书法，常常学书到半夜，曾为石鼓书院题匾。

石鼓书院建于衡州石鼓山（今衡阳市石鼓区石鼓山），故名。宋太宗继位后，赐"石鼓书院"匾额和学田，使书院名声大振。作为宋代四大书院之首，湖湘文化的重要发祥地，石鼓书院曾鼎盛千年，在我国书院史、教育史、文化史上享有极高的地位，为国家培养了大批人才。

宋太宗重视佛教，继位不久即临幸佛寺，公开认可佛教，给予支持。宋太宗极重视佛经的翻译，创建译经院，制订了佛典的翻译计划，聚集译经专家，训练译经人才，为佛教的传播贡献极大，对国家的安定起到了不可低估的作用。

北宋汴京的主要寺院都是在宋太宗下令建造或整修的，如启圣禅院、妙觉禅院、太平兴国寺、开宝寺、天清寺、景德寺、普安院等。

宋太宗召见华山道士陈抟，赐他封号；命南唐降臣徐铉校正道书；又在汴京、苏州等地修建道观。道教逐渐得到朝廷的提倡，为创建太平盛世出力。

太平兴国三年（978 年），王怀隐等医官奉诏编纂《太平圣惠方》。这是我国第一部由政府组织编写的大型综合类方书，全书共 100 卷，内容涉及五脏病证、内、外、骨伤、金创、胎产、妇、儿、丹药、食治、补益、针灸等临床所有各科的病因、病理和方药。

《太平圣惠方》无论从医学价值还是编辑思想上对后世医学书籍的编纂均产生了很大的影响，其中的一些方法对现代医学书籍的编纂仍有一定的参考价值。

宋太祖和宋太宗兄弟俩都有一颗济世惠民的心，终其一生，为百姓做了不少好事，大多是利在当代，功在千秋的。

中国古代乱世王朝

二、父子守成

宋真宗

宋太宗死后，宋真宗和宋仁宗父子先后继位。他们继承了北宋初期的文治国策，使宋朝进一步向文明发展。

宋真宗赵恒是北宋的第三位皇帝，他是宋太宗的第三个儿子，登基前曾被封为韩王、襄王和寿王，宋太宗至道三年（997年）继位。

宋太宗继位后，雄心勃勃打算收复燕云十六州，率军亲征辽国，结果大败。宋军几乎全军覆没，宋太宗臀部中了辽军两箭。此后，宋太宗长年累月受到箭伤的折磨，身体健康每况愈下。

宋太宗晚年迷信相术，曾召一名僧人入宫给子侄诸王看相。僧人看了几个子侄，只有赵恒还在睡觉，没有出来。僧人奏道："我遍观诸王，命都不及寿王。"宋太宗奇怪地问道："你还没有见过他，怎么知道他的命最好？"僧人回答说："我刚才见过站在寿王门前的三个仆人，他们都有将相的器度。仆人尚且如此，主人自然高贵了。"于是，宋太宗就立赵恒为太子。

宋太宗于997年3月病死后，赵恒继位，史称宋真宗，第二年改年号为"咸平"。

宋真宗统治有方，注意节俭，政治较为安定。北宋的统治因而日益巩固，国家管理日益完善。

宋真宗景德元年（1004年）秋，辽国萧太后和辽圣宗亲自率领20万大军南下，直逼黄河北岸的澶州（今河南省濮阳县）城下，给北宋的都城造成了严重的威胁。

警报一夜五次传到汴京，宋真宗召集群臣商议对策，副相王钦若、陈尧叟主张南逃，宰相寇准厉声道："出此下策者应当斩首！如果放弃汴京南逃，势必动摇人心，敌人会乘虚而入，国家就难以保全了；如果皇上御驾亲征，士气大振，一定能打退辽军的。"

宋真宗同意御驾亲征，由寇准随同指挥。军至韦城（河南省滑县东南）时，宋真宗听说辽军势大，又想退兵。寇准严肃地说："如今敌军逼近，情况危急，我们只能前进一尺，不能后退一寸。河北军民正日夜盼望陛下，进军将使我军士气百倍，后退则会军心涣散，敌人乘机进攻，陛下恐怕连金陵也保不住了。"

宋真宗听了此言，才勉强同意继续进军，渡河进入澶州。各路宋军见到宋真宗的黄龙大旗，都欢呼雀跃，高喊"万岁"，士气大振。寇准指挥宋军出击，人人奋勇，个个争先，消灭辽军数千人，射死了辽军主将萧达兰。

萧太后见辽军受挫，连忙要求议和。宋真宗认为国家府库充实，拿出一些资财换取和平，免得生灵涂炭，是值得的。经过寇准的坚持和一再讨价还价，于12月正式议和，这就是历史上有名的"澶渊之盟"。盟约内容如下：宋辽约为兄弟之国，辽主（辽圣宗耶律隆绪）称宋真宗为兄，宋真宗尊萧太后（辽圣宗生母萧燕燕）为叔母；宋每年给辽绢二十万匹、银十万两，称为"岁币"；双方各守现有疆界，不得侵犯，并互不接纳和藏匿越界入境之人；辽军撤退时，宋军不得沿途袭击。

从此，北宋和辽国相安无事，长达一百多年未发生战争。

澶渊之盟是中国历史上的著名事件，对整个北宋具有非比寻常的意义：一方面，这是一个在宋军占有优势的情况下签订的屈辱性条约；另一方面，这个屈辱性的条约给宋辽边境带来了长达百余年的和平，极大地促进了两国经济、文化的发展。历史学家蒋复璁甚至认为澶渊之盟"影响了中国思想界及中国整个历史"。

澶渊之盟后，宋辽两国百姓开始边境贸易，互通有无，确如兄弟一般。

外患平息了，国家安定了，宋真宗着手举行封禅大典。

宋真宗大中祥符元年（1008年），宋真宗率千乘万骑从汴京出发，浩浩荡荡来到泰山，建起了天贶殿，封泰山神为"天齐仁圣帝"，封泰山女神为"天仙玉女碧霞元君"。

泰山大观峰东南石壁被称作"宋摩崖"，即宋真宗封禅泰山的《登泰山谢天书述二圣功德铭碑》。此外，另有一处相同内容的石碑曾立在泰安城南，由五块巨石拼成，因其字朝北，俗称"阴字碑"。

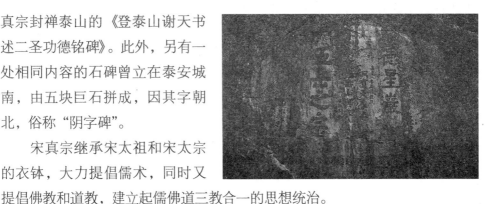

宋真宗继承宋太祖和宋太宗的衣钵，大力提倡儒术，同时又提倡佛教和道教，建立起儒佛道三教合一的思想统治。

宋朝建国后，孔子四十四代孙孔宜考进士落第，曾上书宋太祖，说他是孔子的后代，请给个官做，宋太祖只赏他做一名小小的曲阜县主簿。宋太宗时封他做文宣公，并恢复了被周世宗废除的免税权。宋真宗继位后，令孔宜之子孔延世袭封文宣公，还让他做了曲阜县令。

宋真宗到泰山祭祀时，顺路亲自到曲阜孔庙行礼，重赏孔氏家族，以示对孔子的尊崇。

宋真宗命国子监祭酒邢昺等校定《周礼》《仪礼》等书的"正义"，完成九经"疏义"，大量印行。这样，九经都有了详细的注释，便于人们学习。

景德二年（1005年），宋真宗到国子监看书，问书有多少。邢昺回答说："国初不到四千，现在已有十余万部了。我年少时学习儒家经典，常有学生见不到经疏，因为传写不齐。现在大量印书，连普通人家都有了，真是欣逢盛世啊。"

宋真宗曾撰《文宣王赞》，歌颂孔子是"人伦之表"，儒学是"帝道之纲"；又撰写《崇儒术论》，在国子监刻石，一再推崇儒学。

宋真宗不仅是皇帝，还是一位诗人。为了鼓励人们读书，他曾写了一首著名的《励学篇》："富家不用买良田，书中自有千种粟。安居不用架高楼，书中自有黄金屋。娶妻莫恨无良媒，书中自有颜如玉。出门莫恨无人随，书中车马多如簇。男儿欲遂平生志，五经勤向窗前读。"

为了让民心向善，宋真宗大力提倡佛教。在撰写《崇儒术论》的同时，又撰写了《崇释论》，说佛教与孔孟"迹异而道同"。

宋真宗继续建寺译经，并亲自为佛经作注。在宋真宗一朝，全国僧徒近四十万，尼姑也有六万多。宋真宗统治时期是宋朝僧徒最多，佛学最盛的时期。

宋真宗崇信道教，常说"释道二门，有补世教"，又说"三教（儒、道、释）之设，其旨一也"。宋真宗说玉皇在梦中告诉他赵氏始祖是轩辕皇帝，于是尊玉皇为玉皇大天帝，赵氏始祖为圣祖天尊大帝，布告天下。参知政事丁谓等制定礼仪，大事祭祀。

宋真宗下令在汴京修建玉清昭应宫，用银五千两铸造玉皇像，用金五千两铸造圣祖像，又用金五千两铸造宋真宗像侍立于侧，表明他是道教的忠实信徒。

宋真宗又命宰相王钦若主持续修道藏，搜编道书四千三百多卷，并在全国各地大修道观。

景德二年（1005 年），宋真宗命王钦若等 18 人搜集历代君臣事迹，编成《册府元龟》一书。此书是史学类书，历 8 年成书，总计 1000 卷，为北宋四大部书之一。

"册府"是帝王藏书的地方，"元龟"是大龟，古代用以占卜国家大事。书名寓意作为后世帝王治国理政的借鉴。

由于此书征引繁富，成为后世文人学士运用典故和引据考证的一部重要参考资料。其中唐、五代是《册府元龟》的精华所在，不少史料为群书所仅见，即使与正史重复者，也有校勘价值。

全书分帝王、闰位、僭伪、列国君、储宫、宗室、外戚、宰辅、将帅、台省、邦计、宪官、谏净、词臣、国史、掌礼、学校、刑法、卿监、环卫、铨选、贡举、奉使、内臣、牧守、令长、宫臣、幕府、陪臣、总录、外臣等 31 部。

宋真宗重视教育，关心知识分子的培养。

应天府书院又称睢阳书院，其前身南都学舍位于河南省商丘县城南，由五

代后晋杨悫所创，为中国四大书院之一，唐朝灭亡后，中国进入五代十国时期，官学遭到破坏，中原地区开始出现一批私人创办的书院，应天府书院由此产生。后晋时，杨悫在归德军将军赵直扶助下聚众讲学，后来他的学生戚同文继续办学，应天府书院的前身就是当时归德军的南都学舍。

北宋初期急需人才，实行开科取士，睢阳书院的生徒参加科举考试，登第者达五六十人之多。文人士子慕戚同文之名，不远千里前来求学，睢阳书院逐渐

成为学术文化交流与教育中心。戚同文病逝后，学校一度关闭。

宋真宗时，当地人曹诚申请出资三百万建学，在杨悫旧址建房 150 间，藏书 1500 卷，并愿以学舍入官，并请令戚同文之孙戚舜宾主教，以曹诚为助教，经由应天府知府上报朝廷，受到宋真宗的赞赏，翌年将该书院定名为"应天府书院"，并赐匾额。

交子是世界最早使用的纸币，发行于宋真宗晚年。

最初的交子实际上是一种存款凭证。北宋初年，四川成都出现了为不便携带巨款的商人经营现金保管业务的交子铺户。存款人把现金交给铺户，铺户把存款数额填写在用楮纸制作的纸卷上交给存款人，并收取一定的保管费。这种临时填写存款金额的楮纸券称交子。随着市场经济的发展，交子的使用越来越广，许多商人联合成立专营发行和兑换交子的交子铺，并在各地设立分铺。由于铺户守信用，现金随到随取，交子逐渐赢得了很高的信誉。后来，商人之间的大额交易，为了避免搬运铸币的麻烦，也越来越多地直接用交子来支付货款了。再后来，交子铺户在经营中发现只动用部分存款并不危及交子的信誉，便开始印刷有统一面额和格式的交子，作为一种新的流通手段向市场发行，使"交子"逐渐具备了货币的特性，真正成了纸币。随着交子影响的逐步扩大，对其进行规范化管理的需求也日益突出。宋真宗景德年间（1004—1007 年），益州知州张泳对交子铺户进行整顿，清除其中一些不法之徒，专由 16 户富商经营。至此，交子的发行正式取得了政府的认可。

交子的出现给商业提供了极大的方便，从而促进了北宋商业的发展。

宋真宗在位 25 年，国家日益昌盛，史称"咸平之治"。

北宋是中国政治、经济、文化高度发展的巅峰时期，中原在工业化、商业化、货币化和城市化方面远远超过世界其他国家，汴京成了当时世界最繁华最著名的国际化大都会。

当时，汴京常住人口 150 万，比唐朝首都长安更繁华。由于国势强盛，当时宋朝在外国人心目中是天国，每年有大量的外国人涌入中国，到中原朝拜、经商或定居，宋人在世界各地也受到热烈的欢迎。

宋真宗乾兴元年（1022 年），宋真宗病逝，由太子赵祯继位，史称宋仁宗。

宋仁宗

宋真宗的后妃曾生过 5 个男孩，都夭折了。宋仁宗是宋真宗的第六子，生于大中祥符三年（1010 年）。他就是世人皆知的民间故事《狸猫换太子》里的太子，但这个故事是虚构的传说，真实的故事是这样的：

宋真宗皇后刘氏无子，便将侍女李氏所生的赵祯抱养为己子。李氏不敢流露出任何不满情绪，否则不仅会危及自身，也会给亲生儿子带来灾难。

宋仁宗继位时才 13 岁，由刘皇后垂帘听政。

宋仁宗明道元年（1032 年），李氏死去。李氏是在临死时才被封为宸妃的，刘太后在李宸妃死后，最初是想秘而不宣，打算以一般宫人的礼仪埋葬了事。这时，宰相吕夷简力劝道："太后，要想保全刘氏一门，必须厚葬李妃。"刘皇后这才意识到问题的严重性，于是以最高规格为李宸妃发丧。

明道二年，刘皇后死后，燕王将宋仁宗生母真相告诉了宋仁宗，宋仁宗的震惊无异于天崩地裂。他抑制不住内心的悲伤，一面亲赴安放李妃灵柩的洪福院，一面派兵包围了刘皇后的住宅，以便查清事实真相后再行处理。这时，宋仁宗不但知道了自己的身世，而且听说亲生母亲死于非命，他一定要开棺查验真相。打开棺木后，只见尸身用水银浸泡，母亲安详地躺在棺木中，服饰华丽，容貌如生，宋仁宗不禁叹道："人言岂能信？"随即下令遣散了包围刘宅的兵士，并在刘皇后遗像前焚香说："自今大娘娘平生分明矣。"意思是说刘皇后是清白无辜的，她并没有谋害自己的母亲。

生母虽然厚葬了，但却未能冲淡宋仁宗对母亲的怀念，他要让母亲享受到生前应得的名分。于是，他建了一座奉慈庙分别供奉刘氏、李氏的牌位。刘氏被追谥为庄献明肃皇太后，李氏被追谥为庄懿皇太后。

宋仁宗在位 41 年，宅心仁厚，治国宽松，维护了正常的社会秩序，长期保持良好的社会风气，让百姓过上了安定的日子。

有一天，宋仁宗处理奏章直到深夜，又累

又饿，很想喝碗羊肉汤，但他忍着没有说出来。第二天，皇后知道了，十分心疼，劝他说："陛下日夜操劳，千万要保重身体，想喝羊肉汤，随时吩咐御厨就是了。"宋仁宗对皇后说："朕一时随便索取会被人看成惯例的，朕昨夜如果喝了羊肉汤，御厨就会夜夜杀羊，一年下来要杀数百只，形成定例。这样，十年就是数千只，日后宰杀之数是难以计算的。朕宁愿忍一时之饥渴，不能创此恶例。"

有一天，宋仁宗散步时，总是回头看，随从们都不知道这是为什么。宋仁宗回宫后，急着对嫔妃说："朕渴坏了，快倒水来。"嫔妃觉得奇怪，问他说："为什么在外面时不让随从侍候饮水？"宋仁宗说："朕屡屡回头，但没看见他们带水壶。如果朕要水的话，肯定会有人获罪受罚的，因此就忍着口渴回来喝了。"

宋仁宗重视法治，一直支持包拯办案。包拯在担任监察御史和谏官期间，屡屡犯颜直谏，唾沫星子都溅到了宋仁宗的脸上，但他一面用衣袖擦脸，一面还接受包拯的建议。正因为宋仁宗如此宽容，我国历史上才出了包拯这样的大清官。

我国古代四大发明中，有三大发明——活字印刷术、火药、罗盘出现在宋仁宗时代。

宋仁宗康定二年至庆历八年（1041—1048年），印刷工人出身的毕昇发明了陶活字印刷术。这是因为宋仁宗在位期间文化艺术特别发达，有大量书籍急于要印刷，才促成了这一发明。在欧洲，德国于1456年才第一次用活字印刷《圣经》，比毕昇晚了400多年。

火药用于武器，首见于《武经总要》一书，此书是由宋仁宗朝的曾公亮、丁度等人编纂的。火药源于炼丹，道士在炼长生不老药时，无意之中发明了火药。

沈括是宋仁宗朝的进士，博学多才，对天文、历法、物理、医学、音乐无所不通，而最重要的发明是用于航海的指南针。

北宋科举取士规模日益扩大，而宋初官学却长期处于低迷不振的状态。士人求学需求很大，却苦无其所，在这种情况下，书院应运而生，起到了填补官学空白的作用，为广大士子提供了读书求学的场所。朝廷崇尚儒术，鼓励民间办学。宋初提倡文治，但国家一时又无力大量创办官学，故朝廷对书院给予多方面的表彰和赞助。像著名的白鹿洞书院、岳麓书院、应天府书院、嵩阳书院都得到朝廷赐书、赐匾额、赐学田和奖励办学者等不同形式的支持，这些支持无疑是促进宋初书院兴盛的直接动因之一。

宋仁宗爱好学习，崇拜儒家经典。他首次把《论语》《孟子》《大学》《中庸》合在一起让学生学习，开了"四书"的先河。宋仁宗不仅自己爱好学习，还大力支持书院。

茅山书院又名金山书院，位于江苏句容的茅山，故称茅山书院，由处士侯遗创建于宋仁宗天圣二年（1024年），是北宋六大书院之一。侯氏在此教授生徒十余年，宋仁宗天圣二年（1024年）经江宁知府王随奏请，朝廷赐田充作书院办学经费。

嵩阳书院初建于北魏孝文帝太和八年（484年），名为嵩阳寺，为佛教活动场所，僧徒多达数百人。隋炀帝大业年间（605—618年）更名为嵩阳观，改为道教活动场所。宋仁宗景祐二年（1035年），定名嵩阳书院，以后一直是历代名人讲授儒家经典的教育场所。

宋初，国内太平，文风四起，儒生经五代战乱之后，都喜欢在山林中找个安静的地方聚众讲学。先后在嵩阳书院讲学的有范仲淹、司马光、程颢、程颐、杨时、李纲、范纯仁等人，司马光的《资治通鉴》第9卷至21卷就是在嵩阳书院完成的。号称"二程"的程颢、程颐在嵩阳书院讲学10余年，对学生一团和气，循循善诱，平易近人，讲学有新鲜感，通俗易懂。学生受益匪浅，有如沐春风之感。

嵩阳书院在我国教育发展史上占有重要的一页，积累了丰厚的教学经验，其特点主要是：

1. 书院既是教育教学的机关，又是学术研究的机关，实行教育教学与学术研究相结合。

2. 书院盛行讲会制度，允许不同

学派，不同观点进行讲会，开展争辩。

3. 书院的教学实行门户开放，有教无类，不受地域限制。

4. 书院以学生个人读书钻研为主，十分注重培养学生的自学能力，并采用问难形式，注意启发学生的思维能力。

5. 书院内师生关系融洽，感情深厚。书院的名师不仅以渊博的知识教育学生，而且以自己高尚的品德感染学生。

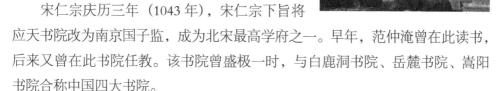

宋仁宗庆历三年（1043年），宋仁宗下旨将应天书院改为南京国子监，成为北宋最高学府之一。早年，范仲淹曾在此读书，后来又曾在此书院任教。该书院曾盛极一时，与白鹿洞书院、岳麓书院、嵩阳书院合称中国四大书院。

宋仁宗在位后期，官僚机构日益膨胀，出现了经济危机。在内忧外患之下，范仲淹上《答手诏条陈十事》，要求改革。

《答手诏条陈十事》内容如下：（一）"明黜陟"，即改变文官三年一迁、武官五年一迁的磨勘法。官员中有大功"高才异行"者，可特加任用。老病愚昧者另作处理。有罪者按情节轻重处分。（二）"抑侥幸"，改变贵族官员子弟"恩荫"作官的旧法，严加限制，以减省冗官。（三）"精贡举"，改变专以诗赋墨义取士的旧制，着重策论和经学。（四）"择官长"，严格选择转运使、提点刑狱及各州县长官。（五）"均公田"，各地官员按等级给以多少不等的"职田"，用来"责其廉节"，防止贪污。（六）"厚农桑"，每年二月，提倡各地开河渠，修筑堤堰陂塘，以利农业生产。（七）"修武备"，京师招募卫兵五万人，以捍卫朝廷。（八）"减徭役"，裁并州县建置，使徭役相对地减少。（九）"覃恩信"，朝廷有赦令，各地必须执行。（十）"重命令"，各地法令应由朝廷统一。

宋仁宗采纳了范仲淹的建议，开始改革，史称"庆历新政"。由于守旧派的反对，新政只推行了一年，范仲淹便被降职出朝，改革流产了。

嘉祐八年（1063年），宋仁宗病逝，太子赵曙继位，是为宋英宗。

宋代——文治兴盛

三、祖孙三代推行改革

宋英宗

宋仁宗没有儿子，在大臣韩琦、司马光等人的坚持下，宋仁宋立堂兄濮安懿王的儿子赵宗实为太子，改名赵曙。

这时，宋朝的国力已大不如前，整个官僚机构过于臃肿。宋真宗咸平年间（998—1003年），天下冗吏多达195000余人，光薪俸支出就大得惊人。宋初，三班院（供奉官、左殿直、右殿直）只有吏员300人，宋真宗时已有4000多人，宋仁宗时竟已经过万了。

除支撑一个庞大的官僚机构外，北宋还要供养一支庞大的军队。宋太祖时，禁军人数只有20万不到；宋太宗时，禁军已有35万；宋真宗时，禁军数目达到了43万；宋仁宗时，禁军竟多达83万人了。此外，加上厢兵等其他正规军和后备役，宋仁宗时宋朝已有近130万的兵要靠国家养活。

由于政府税收的五分之四都要做军费支出，宋英宗继位时，宋太祖、宋太宗时金帛山积的国库已经空空如也了。

宋英宗继位第二年，宋朝岁入116130000万，官费、军费等支出总计120340000万，已经是入不敷出了。

宋英宗虽然多病，但表现出了一个有为之君的风范。宋英宗很勤勉，辅臣

宋英宗

奏事时，他总是详细询问事情始末后才裁决，处理政务非常认真。面对积弱积贫的国势，他力图进行一些改革。

有一天，宋英宗问欧阳修说："近日屡有天灾，言事者多称是因为朝廷不能进贤任能所致，这是为何？"欧阳修回答说："近年进贤之路确实太窄了，我也常与韩琦讨论此事。"宋英宗听了十分惊讶，忙问道："此话怎讲？中书经常推荐一些人，不是大都任用了吗？"欧阳修说："自陛下

亲政以来，臣和韩琦、富弼有感皇恩，精心挑选内外官员，而陛下也用人不疑，这是过去所不能比的，但所选之人多为擅长钱粮刑名的强干之才，并非文学之士。"宋英宗听罢大悟，决定广泛招揽人才。不久，韩琦、欧阳修等人举荐了20个人，宋英宗下令均予召试。韩琦等人开始还以为选的人太多了，宋英宗说："我既然要你们举荐，为的就是从中选贤，岂能嫌多？"由此可见宋英宗励精图治，奋发有为，对以前旧的选任体制进行大胆的改革，甚至走得比劝他力图改革的欧阳修等人还要远。

为了文治事业，宋英宗十分重视书籍的编写和整理。治平元年（1064年），司马光将撰写的《历年图》进呈宋英宗，宋英宗览后大加赞赏。治平三年（1066年），司马光依据《史记》，并参考其他一些书籍写成《通志》八卷，即后来的《资治通鉴》前八卷。宋英宗对此书予以充分肯定，并鼓励司马光继续写下去，等书成之后再赐新名。

司马光奏请由他自己选聘助手并组织编写历代君臣事迹的书局，宋英宗立即准奏，批示将书局设在崇文院内，特许司马光借调龙图阁、天章阁、昭文馆、史馆、集贤院、秘阁的书籍。不仅如此，宋英宗还提供皇帝专用的笔墨，供给书局人员水果和糕点，并调派宦官前去服务。

宋英宗的批示极大地改善了司马光编写史书的条件，使编写工作一开始就有了坚实的后盾。

司马光为了报答宋英宗的知遇之恩，在此后漫长的19年里，他将全部精力都用在《资治通鉴》这部巨著的编纂上了。

《资治通鉴》得以最后编成，其中也有宋英宗的一份功劳。

宋英宗在位不满四年即病死了，其长子赵顼继位，是为宋神宗。

宋神宗

宋英宗于治平四年（1067年）正月病死，年仅36岁。

宋神宗继位后，向主管财政的三司使韩绛问起"国用"，才知道国库中什么都没有了，只剩下一些账本了。

宋代——文治兴盛

125

宋神宗自幼好学，经常忘记了吃饭。当太子时，他就喜欢读《韩非子》，对法家富国强兵之术深感兴趣；还读过王安石的《上仁宗皇帝言事书》，对王安石的理财治国思想非常赞赏。

宋神宗求治心切，经常向大臣征询改革的意见。他立志做唐太宗那样大有作为的明君，改变国家面临的危机。

于是，王安石登上了历史舞台。

王安石是临川人（今江西抚州），好读书，善著文，是个大学问家。唐宋八大家之一曾巩读了他的文章后十分佩服，拿给大文学家欧阳修看，欧阳修为之延誉，王安石被擢为进士及第。

宋神宗第一次召见王安石时问他治国应当先做什么，王安石回答道："应当先选择正确的策略。"宋神宗又问："唐太宗何如？"王安石说："陛下当以尧舜为榜样，为什么拿唐太宗做样子呢？尧舜之道简明而不烦琐，是很容易做到的。但末世学者不知其中道理，认为高不可攀。"宋神宗觉得这种议论使人耳目一新，十分高兴。

为了及时有效地制定和推行新法，宋神宗设置了制置三司条例司，由王安石主持。宋神宗听从王安石的推荐，起用了吕惠卿、章敦、蔡确、曾布、吕嘉问、沈括、薛向等一批新人。这些人都有实际才干，对于协助王安石拟定和贯彻新法起了积极的作用。在变法过程中，宋神宗以君权的力量保证了一系列新法的推行。

熙宁二年（1069年），新法逐渐出台，但马上遭到朝廷内外一批守旧势力的攻击。在一片反对声中，宋神宗虽曾一度犹豫，但终不为所动。在王安石与守旧势力的斗争中，宋神宗支持王安石，先后罢免一批反对变法的官员。熙宁三年（1070年），宋神宗提升王安石为同中书门下平章事。

王安石做了宰相，有了更大的权力，于是，农田、水利、青苗、均输、保甲、免役、市易、保马、方田等新法先后颁行，变法进入了高潮。

在富国强兵的同时，王安石还着手对教育、科举进行改革，目的是培育和选拔变法所需要的人才，为政治改革服务。经过两年的准备，王安石破除阻力，实行了新的科举

法，整顿了京师及州县学校。宋朝大批文武官员都来自科举。科举以进士科为主，要考诗赋，以声韵对偶定优劣，完全着眼于文字形式。明经考试如出题写某经的上句，要考生答写下句；或出经书一句，让考生答写这句的注疏。王安石改变了这种科举法，废除诗赋、明经各科，专以经义、论策取士。颁

布新科举法后，王安石又着手整顿学校，要学校按照王安石的主张行事，把学校变成为变法派造舆论、育人才的场所。王安石对太学规章也做了一些调整，学生名额增至 1000 人，分外舍、内舍、上舍三级。上舍生成绩优异的，不经省试和殿试便可直接授官。

整顿太学后，王安石又在京师设武学堂、律学堂和医学堂，培养实用人才。

变法派还陆续整顿了州县之学，规定学官由朝廷委派，定期考核。

科举和教育方面的这些改革使王安石的革新思想得到比较广泛的传播，直到北宋末年，王安石的学说仍在太学中有相当大的影响。

变法虽然取得了初步胜利，但守旧势力的攻击并没有停止，特别是随着变法的逐步深入，触及了大地主、大商人的利益，守旧势力的进攻更加猛烈了。熙宁七年（1074 年）春，久旱无雨，朝内外守旧势力以"天变"为借口，又一次掀起对变法的围攻。这一次围攻得到了宋仁宗曹皇后、宋英宗高皇后和宋神宗向皇后的支持。四月，宋神宗在宋仁宗曹皇后、宋英宗高皇后向他哭诉"安石乱天下"的情况下，只得忍痛罢了王安石的宰相之职，使变法遭到了挫折。宋神宗即位不久，对后党的势力不能不心存顾忌。

熙宁八年（1075 年）二月，宋神宗再度起用王安石，继续推行新法。不料，熙宁九年（1076 年）天上出现了彗星，守旧派又以"天变"为由对变法提出非议，考虑到宋神宗的处境，王安石不得不申请罢相，出判江宁府。

王安石两次罢相，都是宋神宗向守旧势力妥协的结果。宋神宗本希望通过变法富国强兵，但他既怕得罪两宫太后，又怕出乱子。当朝议汹汹，变法碰到阻力时，他只得牺牲王安石。

但是，自从王安石罢相后，为了富国强兵，宋神宗仍在一个人支撑着新法，新法大部分仍在推行，直到他去世为止。他牺牲的只是王安石一个人，这也是

宋代——文治兴盛

127

不得已而为之。

到宋神宗时，除方田法罢废及部分新法条文被稍作调整外，新法基本上得以贯彻执行。后来，宋神宗觉得愧对王安石，便对他多加关照，如熙宁十年（1077年），以王安石为集禧观使；元丰元年（1078年）以王安石为尚书左仆射、舒国公、集禧观使；元丰三年（1080年），封王安石为荆国公。

宋神宗不仅是一位有作为的皇帝，而且还是一位才子。

有一天，北宋大文豪苏东坡到大相国寺探望好友佛印禅师，不巧，佛印外出，住持和尚就请苏东坡在禅房休息，并端上了香茗款待。

苏东坡偶一抬头，见粉墙上题有佛印的一首诗："酒色财气四堵墙，人人都在里边藏。谁能跳出圈外头，不活百岁寿也长。"

苏东坡见诗写得颇有哲理，但觉得酒色财气是凡人躲不开的事，何不因势利导，化害为利呢？于是，他在佛印题诗右侧也题上一首："饮酒不醉是英豪，恋色不迷最为高；不义之财不可取，有气不生气自消。"

翌日，宋神宗在王安石的陪同下来到大相国寺。宋神宗看了佛印与东坡的题诗，觉得饶有风趣，便对王安石说："爱卿，何不和诗一首？"王安石略一沉吟，即挥笔在佛印题诗左侧也题诗一首："世上无酒不成礼，人间无色路人稀；民为财富才发奋，国有朝气方生机。"

宋神宗见了王安石的诗，深为赞赏，乘兴也和诗一首："酒助礼乐社稷康，色育生灵重纲常；财足粮丰家国盛，气凝太极定阴阳。"

元丰八年（1085年），宋神宗病死，赵煦继位，是为宋哲宗，次年改元"元祐"。

宋神宗病死的消息传到江宁，王安石大恸，并赋诗哀悼。

王安石在宋神宗身边执政变法时，对衣食都不留意。一天，有人来送信，竟误认王安石为家仆。左右的人说："这就是舍人。"送信人走出后，连声夸赞："好舍人，好舍人！"王安石的妻子给他买了个小妾，王安石急令送回。他把一门心思都用在变法上了。晚年，王安石闲居金陵

中国古代乱世王朝

钟山，只有几间简陋的小房。出行时，王安石只骑一头小驴，有人劝他坐轿，他说："我不能用人当牲口。"

宋神宗去世的第二年，王安石也去世了。

宋哲宗

宋哲宗赵煦是北宋第七位皇帝，是宋神宗的第六子，曾被封为延安郡王，镇守宋朝西北边境，宋神宗病危时立他为太子。

宋哲宗登基时只有 10 岁，由宋英宗的高后执政，称太皇太后，处理军国大事。

高太皇太后执政后，任用司马光为宰相。保守派再度掌握政权，在高太皇太后的支持下立即对变法派展开攻击。司马光一上台，就把宋神宗时的新法全部废止了。有人说宋神宗刚死，不宜骤改，司马光说："王安石、吕惠卿所建新法为天下大害，并非先帝本意，改之当如救火拯溺，不急不行。何况太皇太后在上，以母改子，有何不可？"

在宋神宗之母即太皇太后高氏的支持下，在一年左右的时间里，将王安石所实行的各项新法全部废止了。

在对西夏的政策上，司马光也完全改变王安石的抵抗主张。西夏主在宋哲宗继位后，派使臣索要兰州、米脂等五寨，司马光一口答应，并指责不赞成的大臣会造成兵连不解的后患。

司马光甚至主动提出要把西河一带也一并送给西夏，由于遭到强烈反对，未能实行。

司马光刚一执政，就要起用程颢，但程颢恰在这时病死了，于是破格起用其弟程颐为西京国子监教授，又擢为崇政殿说书，为宋哲宗讲授儒学。

元祐二年（1087 年）正月，高太皇太后又降诏：科举考试只许用古今诸儒之说，不准引用申（不害）韩（非）之说。

司马光奏请召老臣文彦博还朝。这时，文彦博已 81 岁，由儿子扶着上殿，特授太师、平章军国事。

司马光将变法派的官员全部赶出朝廷，以司马光为首的保守派在高太皇太后的支持下掌握了全部军政大权。不久，保守派官员结为朋党，相互攻击，陷入一片混斗之中。

宋哲宗自幼聪慧，8 岁便能背诵《论语》，字也写得很好，颇得宋神宗的宠爱。

宋哲宗继位后，辽朝派使者来参加宋神宗的吊唁活动。宰相蔡确见两国服饰不同，怕年幼的宋哲宗害怕，便反复给他讲契丹人的衣着和礼仪。宋哲宗正色问道："辽朝使者是人吗？"蔡确说："当然是人了，但他们是夷狄之人。"宋哲宗说："既然是人，怕他做甚？"蔡确一听这话，吃了一惊，诚惶诚恐地退下去了。

宋哲宗常使用一张旧桌子，高太皇太后令人换掉，而宋哲宗又派人搬了回来。高太皇太后问这是为什么，宋哲宗回答说："这是多多用过的。"高太皇太后见他不忘宋神宗，知道他将来必定会对司马光和她的措施不满，心中十分担忧。

高太皇太后执政共九年，于元祐八年（1093 年）九月病死。

宋哲宗一亲政，就对保守派展开了斗争。

次年，宋哲宗改年号为绍圣，表示要继承父亲的遗志，将变法进行到底。

宋哲宗亲政后，追贬已死的司马光，并贬吕大防、刘挚、苏辙、梁焘、范纯仁等旧党于岭南（今广西一带），重用革新派如章惇、曾布等人，恢复王安石变法中的保甲法、免役法、青苗法，减轻农民的负担，使国势有了起色。

变法派在宋哲宗支持下再度掌握政权，对保守派展开反击，逐步恢复新法。

宋哲宗下令停止与西夏谈判，多次出兵讨伐西夏，迫使西夏向宋朝乞和。

元符三年（1100 年）一月，宋哲宗不幸病逝于汴京（今河南开封）。

宋哲宗在位 15 年，享年 25 岁，掌政不到 10 年。

宋哲宗是北宋有作为的皇帝，只可惜享年不永，英年早逝，未能将新法进行到底。

中国古代乱世王朝

四、亡国的父与子

宋哲宗病逝后，因无子继位，帝位落在弟弟赵佶和赵似之中的一个人身上。太后倾向于赵佶，宰相章惇提出异议说："赵佶为人轻佻，不适于做皇帝。"但最后还是太后说了算，于是赵佶做了皇帝，史称宋徽宗。宋徽宗是宋神宗第十一子，自幼喜欢书画，兴趣广泛。

宋徽宗登基后，心想：自己这个皇位是因为哥哥无子才轮到我头上的。若自己也无子，岂不又要传给别人了。

这时，茅山道士向他献计说："京城东北角太低，有碍龙脉。若将其垫高，当有多子之福。"宋徽宗一听，立即决定在京城东北角造一座假山，取名艮岳。为此，宋徽宗专门成立了办事机构应奉局，负责派人到江南去运奇石。听说皇帝要造假山，各州府官员唯恐失去效忠的机会，竞相搜罗奇花异草和奇石。奇花异草和奇石装船北运，十船编一纲，即一组，称之为"花石纲"。古运河上，衣不蔽体、面黄肌瘦的农民不知累死了多少人。终于，垒石成山，疏泉为湖，楼台殿阁拔地而起，点缀着奇花异草。历时六年，艮岳出现了。艮岳方圆十多里，主峰高达三十多丈。修建艮岳，劳民伤财，北宋到了崩溃的边缘。

宋徽宗重用奸相蔡京，其集团多是腐朽的官僚。宦官童贯在蔡京支持下掌握军权，和蔡京并列相位。二人贪污成性，家中金宝堆积如山，私家所藏竟多于国库。蔡童集团掌握军政大权，实行黑暗统治。民间流传歌谣说："打破筒（童），泼了菜（蔡），便是人间好世界。"歌谣反映出百姓对统治集团的深仇大恨。不甘忍受黑暗统治的农民纷纷揭竿而起，要打破黑暗统治，创造自己的好世界。于是，爆发了宋江、方腊起义。后来，起义虽然被镇压了，但宋朝已是危机四伏了。

宋徽宗政和五年（1115 年），女真首领金太祖阿骨打建立金国后，随即向辽国进攻。灭辽后，金兵于宋徽宗宣和七年（1125 年）十月分两路大规模南

宋代——文治兴盛

侵：一路由完颜宗翰（粘罕）率领进取太原，一路由完颜宗望（斡离不）率领进取燕京，两路金兵计划在宋朝的国都汴京会合。

宗翰向太原进军，童贯慌忙从太原逃回汴京，金兵直抵太原城下。

宗望大军到了燕京，守将郭药师投降。金兵以郭药师为向导，长驱南下，势如破竹，一直向汴京进军。这支金军距汴京只有十天路程，情势十分紧迫。宋徽宗想弃国南逃，给事中吴敏竭力反对逃跑，主张任用有威望的官员固守京城。

吴敏举荐太常少卿李纲，说他有能力破敌。李纲上"御戎"五策，说"非传位太子，不足以招徕天下豪杰"，要宋徽宗宣布退位，以收将士之心。

金兵越来越逼近京城了，宋徽宗吓得昏了过去，跌倒在床前，群臣赶忙灌药急救。宋徽宗苏醒后，提笔写道："皇太子可即皇帝位，予以教主道君退处龙德宫。"

12月，太子赵桓继位，史称宋钦宗，改年号为靖康。宋徽宗退位后，自号教主道君皇帝，人称太上皇。

宋钦宗继位后，立刻贬谪蔡京、童贯等人，重用李纲抗金。李纲智勇双全，组织军民英勇杀敌，打退了金兵，保住了汴京。

宋钦宗为人懦弱无能，优柔寡断。后来，他竟听从奸臣谗言，罢免李纲，向金人求和。金兵趁此机会于靖康二年（1127年）南下，渡过黄河，攻破汴京，北宋灭亡了。

这年三月底，金主将徽、钦二帝连同后妃、宗室、宫女、百官数千人，以及教坊乐工、技艺工匠、法驾、仪仗、冠服、礼器、珍宝、天文仪器、皇家藏书、天下州府地图等押送北方，汴京被掳掠一空。宋徽宗在被押送的途中受尽了凌辱，爱妃王婉容等被金将强行索去。

到金国上京（今黑龙江省阿城）后，宋徽宗和宋钦宗被命令穿着丧服去谒见金太祖完颜阿骨打的庙宇，这是金主向祖先献俘。尔后，宋徽宗被金主封为昏德公，宋钦宗被封为重昏侯，关押于韩州（今辽宁省昌图县），后又被迁到五国城（今黑龙江省依兰县）囚禁。

囚禁期间，宋徽宗受尽精神折磨，写了许多诗，如"彻夜西风撼破扉，萧条孤馆一灯微。家山回首三千里，目断山南无雁飞"。

因为受不了金人的折磨，一天宋徽宗将衣服剪成条，结成绳悬梁自尽时，被宋钦宗发现抱了下来。父子俩抱头痛哭，深悔当初听了奸臣之言，罢免了李纲。

这时，宋徽宗已病得很重，不久便死在土炕上了。宋钦宗发现时，尸体已经僵硬了。

金人将宋徽宗的尸体架到一个石坑上焚烧，烧到半焦烂时用水将火浇灭，再将尸体扔到坑中，这样做可以用坑里的人油做灯油。

宋钦宗悲伤至极，也要跳入坑中，但被金人拉住了。金人说活人跳入坑中后，坑中的人油就不能做灯油用了。

宋徽宗死时 54 岁，已被囚禁九年。金熙宗将他的遗骸葬于河南广宁（今河南省洛阳市附近）。

宋高宗建炎十二年（1142 年）八月，根据宋金协议，宋徽宗的遗骸被运回临安（今浙江省杭州市），由宋高宗葬于永祐陵。

宋钦宗被关押了三十一年，金人将他押解到北京，和辽国最后一位被俘皇帝耶律延禧关在一起。他俩的任务是每当金国皇帝打马球时，马球打出场外，他们负责捡回来。这是奴隶干的活，宋钦宗和耶律延禧一个 50 多岁，一个 80 多岁，却要忍受这样的羞辱。

建炎二十六年（1156 年）六月，金主完颜亮出赛马球，耶律延禧趁人不备，抢得一匹打马球用的好马夺路而逃，完颜亮令追兵用乱箭将其射死。混乱中，宋钦宗被追兵的奔马踩死。

宋徽宗执政 27 年，在政治上昏庸无能，但在绘画上却有很高的造诣，尤其在花鸟画方面有很高的成就，开创了中国花鸟画创作的新时代。

宋徽宗继位前与王诜、赵令穰等书画艺术家交往甚密，他的花鸟、人物、山水画笔墨精妙，造型生动，神形兼备，描绘工细入微，设色匀净，富丽典雅。

宋徽宗除绘画外，还擅长书法。他的字挺健秀丽，称瘦金体，在书法史上独树一帜。

宋徽宗重视对文物、书画、奇石的收藏、鉴赏和整理，继位后大力搜罗历代书画，由专人鉴定其真伪优劣，亲自加以品评。在整理鉴定书画的基础上编出《宣和画谱》和《宣和书谱》，同时还将御府收藏的古铜器编成《宣和博古图》，为后代留下了珍贵的研究资料，至今仍有极其重要的参考价值。

宋徽宗酷爱艺术，在位时将画家的地位提到中国历史上的最高位置。他成立了翰林书画院，即当时的宫廷画院。他决定以作画作为科举升官的一种考试方法，每年以诗词做题目让参加考试的画工作画。如诗句"山中藏古寺"，许多人画的是深山寺院的飞檐，但得到第一名的人没有画任何建筑，只画一个和尚在山溪挑水。又如诗句"踏花归去马蹄香"，得第一名的没有画任何花卉，只画了一人骑马，有蝴蝶飞绕马蹄间。这些都极大地刺激了中国画意境的发展。

宋徽宗尊儒崇道，在文治方面也作出了贡献。

一天，宋徽宗到国子监，给祭祀孔子的大殿定名"大成殿"，并且亲自题写大成殿匾额。

曲阜孔庙重修大成殿时，宋徽宗规定孔子塑像头戴十二旒王冕，手执镇圭，把孔子抬高到帝王的地位。

孔子后裔在宋仁宗时被封为衍圣公，宋哲宗时改封奉圣公，却无官职。宋徽宗恢复封衍圣公的制度，世代袭封为官，宋以后历代相沿不改。

宋朝以前，孟子不单独受祭。宋仁宗时，孔子后裔孔道辅出知兖州，在邹县东北建立孟庙，祭祀孟子。宋徽宗时，由朝廷赐钱三百万重修孟庙，并设举事官一员管理孟庙和孟林，全仿孔庙制度。宋徽宗宣和四年（1122年），又出钱二百万在邹县南门外新建孟庙。孟庙规模仅次于孔庙，孟子的地位也被提高到仅次于孔子了。

宋徽宗崇奉道教，多次降诏搜求道书，设立经局，整理校勘道籍。政和年间编成的《政和万寿道藏》是我国第一部《道藏》，对研究道教历史和经典都是不可多得的宝贵史料。他下令编写的"道史"和"仙史"，也是我国历史上规模最大的道教史和道教人物传记。

宋徽宗还亲著《御注道德经》《御注冲虚至德真经》和《南华真经逍遥游指归》等书，使我国道教研究有了完备的资料。

五、屈辱苟安的宋高宗

南宋开国皇帝赵构是北宋皇帝宋徽宗的第九子，是宋钦宗之弟，曾被封为康王。

靖康元年（1126 年），金兵大举南侵时，赵构奉宋钦宗之命出使金国求和。途经磁州（今河北省磁县）时，州官宗泽劝阻他说：“金国要你去议和，这是骗人的把戏。他们已经兵临城下，求和还有什么用？你此去岂不是自投罗网！”百姓也拦住他的马，不让他北去。赵构害怕被金国扣留，便驻留相州（今河南省安阳县），自称河北兵马大元帅。

靖康二年（1127 年），金兵攻陷汴京，北宋灭亡了。金兵大掠之后，押着俘虏，运着财宝北去。

这时，赵构在北宋遗臣的拥戴下于南京应天府（今河南省商丘县南）继位，史称宋高宗，改年号为建炎。

宋高宗在位初期，起用抗战派李纲为相，以宗泽为汴京留守，发动军民抗金。

金兵闻讯后，为了彻底消灭宋朝，又挥军南下。

宋高宗在金兵追击下仓皇南逃。一天，他在黄河北岸被金兵追上了，多亏忠臣之子李马舍生忘死地背着他逃到船上，过了黄河，才幸免于难。

不久，在女真骑兵的凌厉攻势下，他吓破了胆，便罢免了李纲，起用投降派黄潜善、汪伯彦，一味求和，把宋军防线由黄河一线南移至淮、汉、长江一线。

这样，抗战形势逆转，金兵分兵三路轻易渡过黄河，在不到三个月之内即占领了西自秦州、东至青州一线的广大地区。

从建炎元年（1127 年）到绍兴八年（1138 年）的十余年间，宋高宗一直辗转在东南沿海各地躲避金军。

后来，岳飞、韩世忠大败金兵，金兵这才同意议和，但条件是必须杀了抗金名将岳飞。

绍兴十一年（1141年）12月29日（公历已是1142年），在奸相秦桧的策划下，将克扣粮饷和谋反的罪名强加给岳飞，将其杀害。然后以割地、纳贡、称臣的屈辱条件，与金朝订立了和约，史称"绍兴和议"。

"绍兴和议"结束了长达十年的战争状态，宋金双方之间开始了长达20年的和平。

这样，宋高宗借军民抗战的鲜血换来了和平，总算在杭州安顿下来。

在这二十年间，由于北方百姓躲避金兵，大量南逃，将先进的生产技术带到了南方，使南方的农业和手工业得到了长足的发展。

绍兴三十一年（1161年）9月，金废帝完颜亮撕毁和议，再次大举南侵。金兵在采石矶（今安徽省马鞍山市西南）为虞允文指挥的宋军击败，使南宋转危为安。

在宋军大捷的有利形势下，宋高宗仍屈辱求安，因而遭到了军民的强烈反对，他的统治再也难以继续维持下去了。

绍兴三十二年（1162年），宋高宗以年老厌政和颐神养志为借口宣布退位，禅位于太子赵昚，自称太上皇。

赵构虽然在政治上昏庸无能，但精于书法，善写真书、行书、草书，笔法洒脱婉丽，自然流畅，颇得晋人神韵。其书法左右了南宋书坛，后人多效法其笔迹。在他的影响下，朝廷上下人人学习书法，蔚成风气。一时间，以高宗为中心，南宋几乎掀起了一个学书高潮。陆游曾赞扬说："思陵（宋高宗）妙悟八法，留神古雅，访求法书名画不遗余力。清闲之燕，展玩摹拓不少怠。"

宋高宗著有《翰墨志》一卷，影响了南宋书法的发展，为中国书法作出了贡献。

淳熙十四年（1187年）10月，宋高宗病死于临安宫中的德寿殿。

六、出师未捷和不孝之子

出师未捷的宋孝宗

宋孝宗赵昚是南宋第二位皇帝，是宋太祖七世孙，宋太祖次子赵德芳的六世孙。因为宋高宗唯一的儿子夭折了，所以只好从宗族中选择继承人，于是赵昚成了宋高宗的养子。

宋孝宗登基后，定年号为"隆兴"，立志光复中原，恢复岳飞谥号"武穆"，追封岳飞为鄂国公，剥夺秦桧的官爵，并且命令老将张浚率军北伐。

不料，张浚出师不利，在符离遭遇金军阻击，大败而归。

金军乘胜追击，南宋军队损失惨重。宋孝宗被迫于隆兴二年（1164年）和金国签订了"隆兴和议"。

议和后，没有战事的干扰，宋孝宗专心理政，整顿吏治，一改宋高宗朝贪污腐化的局面。

宋孝宗发展生产，兴修水利，百姓富裕，五谷丰登，太平安乐。

宋孝宗是一位比较有作为的皇帝，凡事能够以身作则。他生活节俭，不肯用乐。他常穿旧衣服，不大兴土木。平时也很少赏赐大臣，宫中的收入多年没有动用，以至于内库穿钱的绳索都腐烂了。他经常告诉身边的士大夫："士大夫是风俗的表率，应该修养自己的品德，以教化风俗。"

宋孝宗不但节俭，而且尊佛崇道，除奸邪，褒忠良，昭雪冤案，励精图治。

由于宋孝宗以身作则，治国有方，南宋出现"乾淳之治"的小康局面。

国家富了，宋孝宗又开始在各地修筑城防，作北伐的准备。

乾道三年（1167年），宋孝宗令殿前指挥使王琪到淮上视察两淮城防，修筑扬州城。朝中妥协派官员纷纷反对，说是怕金人知道，引起怀疑。宋孝宗慨叹道："这些儒生的议论真是不识时务！不用管它！"

此后几年间，宋孝宗陆续在庐州、和州、楚州和襄阳府积极备战。

虞允文建议加强民间抗金武装，由官员统领教练，一旦发生战事，分派他们守关。

淳熙元年（1174 年）二月，虞允文在四川病死。国家栋梁摧折，宋孝宗见北伐无望，顿感心灰意冷了。

淳熙后期，宋孝宗深感力不从心，开始厌倦烦琐的政事，打算让位于太子，但碍于太上皇宋高宗还健在，一时无法施行。

淳熙十四年（1187 年）十月，宋高宗病逝，宋孝宗决定服丧三年，以守孝为名退位。

淳熙十六年（1189 年）二月，宋孝宗正式传位于太子赵惇，是为宋光宗，自己退居重华宫，做了太上皇。

宋孝宗在位期间，书院教育蓬蓬勃勃地发展起来。

北宋末年，岳麓书院惨遭战火洗劫。宋孝宗乾道元年（1165 年），湖南安抚使刘珙重建岳麓书院，聘著名理学家张栻主教，加强了岳麓书院在南宋教育和学术上的地位。

张栻主教期间，以反对科举利禄之学、培养传道济民的人才为办学的指导思想，培养出一大批经世之才。

乾道三年（1167 年），朱熹来访，与张栻论学，举行了历史上有名的"朱张会讲"，前来听讲者络绎不绝。

这次会讲推动了宋代理学和中国古代哲学的发展，是中国古代文化史上的一件盛事。朱张会讲之后，岳麓书院名声远播。

朱熹出身在徽州婺源的一个官吏家庭，父亲朱松做过县尉。宋高宗绍兴十八年（1148 年），19 岁的朱熹考中进士，做过泉州同安主簿。任满后，向程颐的再传弟子李侗学习程学。

白鹿洞书院位于江西九江庐山五老峰南麓的后屏山之阳，依山而建。五代南唐升元年间（937—942 年），白鹿洞正式辟为书馆，称白鹿洞学馆，也称庐

山国学。宋仁宗时改称"白鹿洞之书堂"，与当时的岳麓书院、应天府书院、嵩阳书院并为"四大书院"，被誉为我国四大书院之首。

宋孝宗淳熙六年（1179 年），朱熹出任南康太守（治所在今九江星子县）。他亲至书院废址踏勘考察，经他竭力倡导，又重建了白鹿

洞书院。

朱熹在南康任上三年，为恢复白鹿洞书院殚精竭虑，不遗余力。他曾亲订洞规，置田建屋，延请名师，充实图书，亲临讲课。

宋孝宗淳熙八年（1181 年），著名哲学家陆象山到白鹿洞书院讲学。朱熹、陆象山的"白鹿洞之会"，使书院闻名天下。

白鹿洞书院的学规由朱熹制订，反映出儒家的教育思想。正文如下：

"父子有亲。君臣有义。夫妇有别。长幼有序。朋友有信。右五教之目。尧、舜使契为司徒，敬敷五教，即此是也。学者学此而已。而其所以学序，亦有五焉，其别如左：博学之。审问之。慎思之。明辨之。笃行之。右为学之序。学、问、思、辨四者，所以穷理也。若夫笃行之事，则自修身以至处事、接物，亦各有要，其别如左：言忠信。行笃敬。惩忿窒欲。迁善改过。右修身之要。正其谊不谋其利。明其道不计其功。右处事之要。己所不欲，勿施于人。行有不得，反求诸己。右接物之要。熹窃观古昔圣贤所以教人为学之意，莫非使之讲明义理，以修其身，然后推以及人。非徒欲其务记览，为词章，以钓声名，取利禄而已也。今人之为学者，则既反是矣。然圣贤所以教人之法，具存于经。有志之士，固当熟读、深思而问、辨之。苟知其理之当然，而责其身以必然，则夫规矩禁防之具，岂待他人设之，而后有所持循哉？近世于学有规，其待学者为已浅矣。而其为法，又未必古人之意也。故今不复以施于此堂，而特取凡圣贤所以教人为学之大端，条列如右，而揭之楣间。诸君其相与讲明遵守，而责之于身焉。则夫思虑云为之际，其所以戒谨而恐惧者，必有严于彼者矣。其有不然，而或出于此言之所弃，则彼所谓规者，必将取之，固不得而略也。诸君其亦念之哉！白鹿洞书院。"

白鹿洞书院为国家培养了大批人才，为文治推波助澜，为社会做出了巨大贡献。

不孝之子

宋光宗是南宋第三位皇帝，宋孝宗的第三个儿子，在位 5 年，享年 54 岁。宋光宗长期生活于深宫，不达世务。继位时 43 岁，已是满头白发了。有个大臣献上何首乌，说服用后能使头发转黑，但他不肯服用，说："我头发已白，可叫天下人知道我是老成的。"

宋光宗是宋朝所有皇帝中比较昏庸的一位。他登基后，体弱多病，又无有安邦治国之才。

宋光宗听取奸臣谗言，罢免了辛弃疾等主战派大臣，安于现状，不思进取。

宋光宗懒于上朝，由挑拨是非、心狠手辣的李皇后执政。

宋光宗整日沉湎于酒色之中，奸佞当道，朝政日非。

一天，宋光宗最宠爱的黄贵妃病了。她面黄肌瘦，不思饮食。御医用了许多贵重药品，仍不见什么效果。

宋光宗见爱妃日见憔悴，也整日愁眉不展。万般无奈，最后只好张榜求医。

一位江湖郎中揭榜进宫，为黄贵妃诊脉后说："只要用冰糖与红果（即山楂）煎熬，每顿饭前吃五至十枚，不出半月即可病愈。"

大家听了这话，将信将疑。不料，黄贵妃按医嘱服用后，到期果然病愈了。

后来，这个药方传到民间，老百姓把红果串起来卖，就成了冰糖葫芦。原来，山楂能够消食积，散淤血，驱虫止痢，特别助消化。黄贵妃因吃山珍海味过多积了食，全靠山楂解除了病痛。明代杰出的医药学家李时珍曾经说过："煮老鸡硬肉，入山楂数颗即易烂。"

宋光宗对爱妃备加关心，而对父亲宋孝宗却不闻不问，不管不顾。

宋孝宗逊位后，宋光宗长期不去探望。绍熙五年（1194年），宋孝宗患病，宋光宗既不请医看病，也不去探病，甚至宋孝宗病逝后他也不肯服丧。为此，大臣韩侂胄和赵汝愚经太皇太后批准，逼迫宋光宗退位。

宋光宗迫于太皇太后的压力，只好让位于太子赵扩，自己闲居临安寿康宫，自称太上皇。

赵扩主持完宋孝宗的葬礼后，登基做了皇帝，是为宋宁宗。

出师未捷的宋宁宗

宋宁宗赵扩是南宋第四位皇帝，生于宋孝示乾道四年（1168年）。作为宋光宗唯一的儿子，宋宁宗自幼受到良好的教育。宋光宗继位后，封他为嘉王，让他到宫外府第居住。宋光宗不仅将自己在东宫时收藏的图书全部赐给他，还亲自选中黄裳、陈傅良、彭龟年等一批名儒担任他的老师。在名师的教导下，他学习非常勤奋。

宋宁宗继位后，每天上朝时，无论群臣进奏时间多么长，他都和颜悦色，耐心听取，没有一点厌倦的样子。

宋宁宗对台谏官的意见十分重视。宋代的台谏官有纠正帝王疏失、弹劾百官的权力，他们的议论在一定程度上代表了当时的公众舆论。

宋宁宗严格遵循祖宗之法，曾对人说："台谏者，公论自出，心尝畏之。"

宋宁宗宅心仁厚，对民间疾苦颇为关心。继位前，他护送宋高宗灵柩去山阴下葬，路上见农民在田间艰难稼穑，感慨地对左右说："平常在深宫之内，怎能知道劳作的艰苦！"

宋宁宗继位后，几乎每年都颁布免赋税的诏书。

在日常生活上，宋宁宗力行节俭。他平时穿戴朴素，饮食器皿也不奢华，使用的酒器都是以锡代银。

有一年元宵夜，一个宦官见宋宁宗独自端坐在清冷的烛光下，便问："上元之夜，官家为什么不大摆筵席庆祝一下？"宋宁宗愀然答道："你知道什么！外间百姓没有饭吃，朕怎么能有心思饮酒呢？"

宋宁宗在位期间，不近酒色，不事游猎，不事奢靡，不殖货利，不行暴虐，深得民心。

韩侂胄是宋高宗吴皇后的外甥，又是宋宁宗韩皇后的叔父，因拥立新君有功，不久便出任宰相。他雄心勃勃，反对苟且偷安，决心北伐，驱逐金人，统一中国。

宋孝宗初年，追复岳飞原官。宋孝宗淳熙六年（1179年），为岳飞加谥号武穆。

宋宁宗嘉泰四年（1204年），宋宁宗、韩侂胄追封岳飞为鄂王，给予政治上的极高地位，以支持抗战派将士。

秦桧死后，宋高宗加封他为申王，赐谥号为忠献。宋孝宗时，揭露秦桧的奸恶，但还没有改变爵谥。

宋宁宗开禧二年（1206年），宋宁宗、韩侂胄削去秦桧的王爵，并把谥号改为缪丑，即荒谬丑恶之意。贬词中说秦桧"一日纵敌，遂贻数世之忧；百年为墟，谁任诸人之责"，一时传诵，人心大快。宋宁宗、韩侂胄对秦桧的贬抑，是对投降派的沉重打击，为北伐作了舆论上的准备。

这时，金朝统治下的北方各族正在陆续发动对金战争，各族人民的反金起义也在各处兴起，金朝统治者陷于内外交困中。

被宋光宗闲置的主战派先锋辛弃疾被宋宁宗、韩侂胄起用，到临安面见宋宁宗时说金国必亡，请朝廷准备出师北伐。早就准备北伐的宋宁宗、韩侂胄听了辛弃疾的谏言，信心更足，便决意发兵了。

不料，韩侂胄部署北伐时，宋军中出了内奸。坐镇四川的大将吴曦里通金国，按兵不动。金军密许吴曦作蜀王，解除了西顾之忧。韩侂胄日夜盼望四川进兵，多次催促，吴曦不理。吴曦叛变使宋军伐金的部署遭到了严重的破坏，北伐失败了。

金兵侵入淮南，韩侂胄并不灰心，决意再度整兵出战。宋宁宗降诏招募新兵，起用辛弃疾为枢密院都承旨，负责指挥军事。这时，68岁的辛弃疾正患病家居。任命下达后，辛弃疾正要走马上任，就在家中病逝了。

为了议和，杨皇后联络奸臣史弥远，遵照金朝的无理要求，传旨将韩侂胄的头砍下来，派使臣王枏送到金国表示谢罪，并且全部接受金国提出的条件，增加岁币。南宋又一次屈膝降金，达成和议。

韩侂胄死后，史弥远出任宰相兼枢密使，独揽了朝中大政，恢复了秦桧的王爵和谥号。

韩侂胄执政十四年，卧薪尝胆，适应朝野抗金的要求，发动北伐战争。他坚决抗金，遭到投降派的杀害，堪称民族英雄。

宋宁宗死于嘉定十七年（1224年），因他没有儿子，立赵竑为养子，但因为赵竑对史弥远专权不满，宋宁宗死后，史弥远废黜赵竑，另立赵昀为皇帝，这便是宋理宗。

七、二傀儡

宋理宗

宋理宗是赵匡胤之子赵德昭的九世孙。宋宁宗死后，宰相史弥远矫诏废太子赵竑，立他为帝。

宋理宗继位前，从郑清之学习程朱道学。继位后，请道学家讲授《尚书》，学习朱熹注释的四书。

宋理宗宝庆三年（1227年），召见朱熹之子朱在，说："朱熹的四书注解，朕读之爱不释手，恨不与先生同时。"

宋理宗降诏特赠朱熹太师，追封信国公，说朱熹著述有补于治道。

朱熹注解的四书由于宋理宗的推崇，取得了学术上的统治地位，成为儒家学子的必读课本。

宋理宗继位后，前十年都是在权相史弥远挟制之下，虽为皇帝，实为傀儡，对政务完全不能过问。

绍定六年（1233年），史弥远病死，宋理宗这才开始亲政。

亲政之初，宋理宗立志中兴，罢黜史党，亲擢重臣，澄清吏治，整顿财政，进行了一系列的改革，史称"端平更化"。

为了励精图治，宋理宗把理学家召到朝廷委以重任，在朝野上下掀起了一股尊崇理学的风气。已故理学大师，如程颢、程颐、朱熹等人都被赐给谥号，请进孔庙供奉。

宋理宗认真研读理学经典，一时间家家诵读理学著作，理学备受推崇。

宋理宗绍定三年（1230年），宋理宗亲自撰写《道统十三赞》，说从伏羲、尧、舜到周公、孔子、颜回、曾参、子思、孟子是一脉相承的道统。

嘉熙元年（1237年），宋理宗降诏，令国子监刊印朱熹的《通鉴纲目》。

淳祐元年（1241年），宋理宗到太学大成殿听讲《大学篇》，并把《道统十三赞》宣示给国子监学生。降诏命令学宫祭周敦颐、程颢、程颐、张载、朱熹五人，从祀孔子。

宋理宗说朱熹精思明辨，使《大学》《论语》《孟子》《中庸》本末洞彻，孔子之道大明于世，从而确立了朱熹道学思想的统治地位。

自从孔子创立儒家学说以来，儒学经历了三次重大的变化。每当政治经济状况发生变动时，为了适应时代的要求，总会有儒家代表人物出来变革儒学的形态，以求得儒学的继续发展。第一次的代表人物是孟轲，第二次的代表人物是董仲舒，第三次的代表人物就是程颐、朱熹。程朱等人将儒学发展为号称继承孔孟道统的道学，也称理学，在政治思想领域取得了巩固的统治地位，控制了教育、科举，并在社会上广泛传播。宋朝以后，孔孟儒学的影响主要是程朱理学的影响。

在理学的确立和传播上，宋理宗功不可没。

宋朝推行"寒门入仕"的政策，受到全国上下的一致拥护。为了吸收不同阶层的知识分子参政，宋朝对选才用人的科举制度进行了改革，消除了魏晋以来士族门阀对官场的统治地位。两宋科举取士几乎面向社会各个阶层，科举取士的名额不断增加，社会各阶层的人都可以学而优则仕。南宋时期，取士更不受出身门第的限制，只要不是重刑罪犯，即使是工商、杂类、僧道、农民，甚至是杀猪宰牛的屠户，都可以应试做官。南宋的科举登第者多数为平民，如宋理宗宝祐四年（1256年），在登科的601名进士中，平民出身的占了70%。

宋理宗执政后期，朝政不幸落入丁大全、贾似道等奸相之手，宋理宗又成了傀儡，国势急速衰落下去。

宋理宗晚年无所作为，开始喜好女色，三宫六院已经不能满足他的私欲。善于奉迎的内侍董宋臣召来临安名妓唐安安，让她陪伴宋理宗。

唐安安容貌出众，歌舞精彩绝伦。宋理宗一见她，再也舍不得离开，就把她留在宫里，宠幸异常。

唐安安多次受宋理宗赏赐，上到梳妆盒，下到酒具，都是金银制的；

中国古代乱世王朝

帐幔和被褥都是绫罗锦绣做的；至于奇宝珍玩，更是不计其数了。

除唐安安外，宋理宗还经常召一些歌伎舞女进宫取乐。

侍郎牟子才见状，上书劝谏宋理宗，说如此胡作非为岂不败坏了皇帝三十年修身之功。宋理宗看了，有点不好意思，忙嘱咐牟子才不要把奏本给别的大臣看，而他却总是舍不得放这些美人出宫。

景定五年（1264年）十月，宋理宗因酒色过度而得病，特地降诏国内，征求名医进宫，说有能为他治好病的，赏赐良田和金银财帛，并授以高官厚禄，但无人应征。

不久，宋理宗病逝。

宋度宗

宋度宗赵禥是南宋第六位皇帝，是宋太祖十一世孙，宋理宗之弟荣王赵与芮之子。宋理宗无子，将他收为养子，先后封为建安王、永嘉王、忠王，立为太子。

宋理宗对赵禥的教育很严，赵禥7岁时就入宫内小学读书了。立为皇子后，又为他专门建造资善堂作为学习的场所，并亲自为他作了一篇《资善堂记》。宋理宗遍选大儒做赵禥的老师，对赵禥每天的日程做了严格的规定：鸡初鸣时入宫向宋理宗问安，再鸣回宫，三鸣要到议所参加处理政事，锻炼理政能力。从议所出来后，去讲堂听各位老师讲经史，终日手不释卷；傍晚时到宋理宗面前问安，理宗借此机会考问他当天所学的内容，答得正确便赐座赐茶，答得不对时宋理宗就反复为他剖析；宋理宗讲完后，如果赵禥还不明白，就会受到斥责，令其明日再学。

宋理宗为赵禥娶了一位聪明机智、能识大体的妻子，名叫全玖，出身名门世家，眉清目秀，仪态端庄。其父是一位地方官，死于国事。全玖自幼随父亲游历各地，因此言语伶俐，对时局有清醒的认识。全玖初入宫时，宋理宗安慰她说："令尊为国尽忠而死，每每念及，深感哀痛。"全玖听后，并没有哀悼父亲，而是对宋理宗说："妾父诚然值得追思，可淮上百姓更值得挂念。"宋理宗见全玖才智出众，能识大体，便于景定二年（1261年）十二月将她册封为皇太子妃，让她辅佐赵禥。

景定五年（1264年）十月二十六日，宋理宗去世，赵禥继位，是为宋度宗，尊宋理宗皇后谢氏为太后。

宋度宗继位后，出台了一些新的措施，力求有所作为。他任命马廷鸾、留梦炎为侍读，李伯玉、陈宗礼、范东叟兼侍讲，何基、徐几兼崇政殿说书，随时听这些大臣讲求治国之道。

宋度宗还降诏要求各级臣僚直言奏事，特别要求先朝旧臣赵葵、谢方叔、程元凤、马光祖、李曾伯等指出朝政的弊端，以便改进。

宋理宗崇尚理学，他为赵禥选的老师也多是一些理学名家。受老师影响，宋度宗对理学也十分偏爱。早在做太子时，他在一次前往太学拜谒孔子时，提出增加张栻、吕祖谦为从祀，受到宋理宗的赞赏。

宋度宗继位后，提拔了一些理学名士如江万里、何基等人，录用前代理学名家张九成、朱熹、陆九渊等人的后代为官，理学门徒占据了从中央到地方的很多职位。

虽然宋度宗推崇理学，但理学家提出的"存天理，灭人欲"的信条对他却完全不起作用，他每日沉湎酒色，不能自拔。

宋度宗做太子时就很好色，当上皇帝后更加放纵了。宋制规定：皇帝临幸过的嫔妃，次日早晨要到阁门谢恩，由主管官员记录在案。宋度宗继位之初，一次到阁门谢恩的嫔妃竟有30多人。宋度宗日夜沉湎于酒色之中，连奏折也懒于批复，都交给最宠爱的妃子王秋儿等人处理。

宋度宗整天宴坐后宫，与妃嫔饮酒作乐。

宋度宗为了享乐，封贾似道为太师，将朝政统统委托给他，自己成了傀儡。

贾似道见宋度宗比宋理宗还要昏庸，就更专横跋扈了。他目无天子，稍不如意，就以辞官相要挟。宋度宗唯恐他不辞而别，总是卑躬屈膝地跪拜，流着眼泪挽留他。

宋度宗授贾似道平章军国事，许他三日一朝，后来竟放宽到十日一朝。每次退朝时，宋度宗总要站起来目送他走出大殿，才敢坐下。

宋度宗在西湖葛岭为贾似道建筑了精美的住宅，视他为朝廷的擎天柱。

中国古代乱世王朝

贾似道胡作非为，根本不把朝政当回事。

忽必烈为了灭掉南宋，派兵南侵，于宋度宗咸淳四年（1268年）包围襄阳，次年又围攻樊城。贾似道知情不报，也不派兵增援。襄樊被围攻三年，形势十分危急。后来，宋度宗知道此事后，追问贾似道。贾似道仍然隐瞒真相，竟说："我军大捷，北兵已经退去，这是谁造的谣？"宋度宗说是一个宫女告诉他的，贾似道便将那个宫女杀了。从此，再也无人敢向宋度宗讲实情了。宋度宗对贾似道的话深信不疑。

咸淳九年（1273年）正月，樊城被元军攻破。同年二月，襄阳守将吕文焕在粮尽援绝的情况下献城投降。消息传来，宋度宗当即昏倒在地，被群臣救起。贾似道佯装率军出征，胆小无能的宋度宗离不开"靠山"，死死留住贾似道，不让他出征。

宋度宗借酒浇愁，越喝越多，生活搞得一塌糊涂。

咸淳十年（1274年）七月，宋度宗因酒色过度，死于临安宫中的福宁殿。

宋度宗儿时聪敏，常能一语破的，深受宋理宗喜爱。不料，他长大后却十分昏庸。

宋度宗在位10年，将军国大权交给贾似道，政治腐败黑暗，人民陷入痛苦的深渊。

宋度宗可谓遇人不淑，将国家前途断送在奸臣手里了。

八、三幼主

宋恭帝

宋恭帝是南宋第七位皇帝，1274年8月12日至1276年2月4日在位。

宋度宗于咸淳十年（1274年）7月去世，留下三个未成年的儿子：杨淑妃所生的赵昰7岁，全皇后所生的宋恭帝4岁，俞修容所生赵昺3岁。

宋度宗死后，谢太后召集群臣商议立谁为帝，众人都说杨淑妃所生赵昰年长当立，但贾似道和谢太后都主张立嫡子，于是宋恭帝被立为帝。

宋恭帝此时年纪尚幼，因此由谢太后垂帘听政，但朝廷实权实际上仍掌握在宰相贾似道手中。

在宋理宗和宋度宗统治时期，宋朝的灭亡已不可逆转，宋恭帝继位不满二年，蒙古大军就兵临城下了。

蒙古大军攻取南下最重要通道襄樊城的控制权之后，渡过长江向南宋都城临安（今杭州）进发。鄂州陷落后，长江防线洞开，南宋朝野大惊，各界都把希望寄托在贾似道身上，呼吁他亲征。贾似道不得已，在临安设都督府，准备出征。宋恭帝德祐元年（1275年），贾似道率领的三万大军在芜湖大败，成为众矢之的，朝野上下强烈要求处死贾似道。

谢太后认为贾似道是三朝元老，没有功劳也有苦劳，不能因为一时之罪失了待大臣的礼数，便将贾似道贬为高州团练使，循州安置，并抄了他的家。

贾似道行至漳州时，在木绵庵内被监押官郑虎臣所杀。消息传出，人心大快。

贾似道罢相后，朝廷如果能够振作起来，任用贤臣，局势或许还能扭转。但这时朝廷犯下了另一个严重的错误，竟任命胆小如鼠、畏敌如虎的陈宜中为相。

在陈宜中的主持下，宋朝终于陷入万劫不复的深渊。

中国古代乱世王朝

德祐元年春夏之交，战事最为激烈时，朝野纷纷要求陈宜中亲往前线督战，他却犹豫畏缩，不肯出城。文天祥、张世杰提出迁都东南，背水一战，胆小的陈宜中否决了这项提议，一意求和。

德祐二年（1276 年）正月十八日，谢太后派大臣杨应奎向元军献上降表和传国玉玺，哀求伯颜念上天好生之德，对宋朝皇室从宽处理。伯颜要求与宰相面谈，陈宜中一听吓破了胆，丢下太后和年幼的皇帝，于当天夜里逃出临安。

陈宜中逃走后，蒙古铁骑兵临城下，局面已无可挽回。

二月初五，临安举行了受降仪式，宋恭帝宣布退位。

三月二日，伯颜进入临安。元世祖降诏，要伯颜送宋朝君臣到大都朝见，宋恭帝同母亲和少数侍从踏上前往大都的路程。谢太后因有病在身，并未同行，但不久也在元军的逼迫下启程北上。

宋恭帝被俘后，忽必烈为了招徕南方汉人，封他为瀛国公。

宋端宗

宋端宗赵昰是南宋第八位皇帝，1276 年至 1278 年在位。

宋恭帝德祐二年（1276 年），元军攻克临安时，5 岁的小皇帝被俘。赵昰和弟弟赵昺由国舅杨亮节等护卫，随母亲杨淑妃出逃福建，被立为帝，杨太妃听政，改年号景炎。

宋端宗在福建开仓济民，救了好多饥民的命。当地百姓甚感其恩，元军统一中国后，当地百姓将平山阁改名为泰山宫，祭祀宋端宗。

宋端宗于 1276 年继位，时年只有 7 岁。在陆秀夫等人的拥戴下坚持抗元，力图恢复宋朝。

消息传到大都，忽必烈认为宋朝死灰复燃了，急令元军务必将南宋王室成员斩尽杀绝，不许漏网。

宋端宗在元军的追击下，只能由大将张世杰护卫着登上海船，在海上东逃西躲，疲于奔命。

景炎三年（1278年）三月，宋端宗为躲避元将刘深的追击，避入广州湾，不幸溺水，虽然被左右随从救起，但已经喝了一肚子水，一连好几天讲不出话来，病得很重。因元军追兵逼近，他和臣下不得不逃往碙州（今广东省雷州湾）。不到10岁的宋端宗经此颠簸，病势加重，几个月后便死去了。

宋末帝

南宋末帝赵昺是南宋第九位皇帝，1278年至1279年在位。

宋端宗死后，群臣灰心丧气，打算散去。陆秀夫说："度宗皇帝一子尚在，将如何处置！古时少康以五百人复兴夏朝，现在百官都在，士兵数万，这难道不可以立国吗！"于是，陆秀夫、张世杰、苏刘义等人又拥立8岁的卫王赵昺为帝。杨太妃依然听政，陆秀夫、张世杰协力辅佐，苏刘义负责保护小皇帝的安全。

新会县南八十里的海中有一座山叫厓山，地势险要，可以据守。张世杰认为碙洲不可久留，于是，小朝廷于这年六月迁到厓山。

张世杰派人入山伐木，造行宫及军营千余间，当时尚有官、民、兵二十余万，大多住在船上，物资和粮食从广东沿海各州郡征集。

元军船队刚追到厓山时，有人对张世杰说："元军如以舟师堵住海口，我们就不能自由进出了。为今之计，不如抢先占据海口，则得胜是国家之福，万一失败还可以西征。"张世杰担心久漂海上，士卒离心，不如与元军决战。于是，他把水军排成一字阵，用绳索将船只联结设防。

元将张弘范果然命舟师占据海口，切断宋军水道，厓山干渴十余日，将士疲乏，难以再战。这时，元军发起猛攻，战斗异常激烈。结果，宋军大败，将领翟国秀、凌震等降元。

张世杰、苏刘义坚持到日暮，自知无望，只得斩断船索，拥杨太妃突围。这时，忽然风雨大作，浓雾四起，咫尺不能相辨，张世杰率 16 只战船突围而去。

陆秀夫走到帝昺船中，对帝昺说："国事至此，陛下当为国而死。德祐皇帝（指宋恭帝）北上受辱，陛下不可再受辱了！"说罢，抱着 9 岁的帝昺投海而死，后宫和诸臣也多投海自尽。

张世杰突围后，还想奉杨太妃为女皇，图谋再举。杨太妃得知帝昺已死，捶胸大哭道："我忍死漂泊至此，正为赵氏这一块肉，如今再也无望了！"说罢投海而死。

四天后，张世杰移师海陵山（在阳江县之南海中），遇上飓风。将士劝他登岸，张世杰说："不必了。我为赵氏已尽忠竭力，一君亡，又立一君，今又亡。我之所以未死，是想在敌兵退后再立赵氏，以图中兴。如今风涛如此，这岂不是天意吗？"风涛越来越猛，张世杰舟覆溺死。南宋至此，彻底灭亡了。

再说宋恭帝渐渐长大，一晃 16 岁了。为了自保，他向忽必烈申请出家为僧。忽必烈至元二十六年（1289 年），忽必烈赏给宋恭帝许多钱财，叫他去西藏当僧人。宋恭帝到西藏萨迦寺出家，法号和尊。

宋恭帝学会藏文后，将《百法明门论》、《因明入正理论》这两部汉传佛经译为藏文，为佛教作出了重大贡献。

元英宗至治三年（1323 年），宋恭帝想起当年在杭州的岁月，有感赋诗一首，题于寺壁之上："寄语林和靖，梅花几度开？黄金台下客，应是不归来。"

这首诗表达了他对南宋王朝的思念和无人助他中兴大宋王朝的遗憾心情。不久，有人抄下这首诗上告请赏，宋恭帝不幸触犯了文字狱。元英宗大怒，下令赐死。

宋恭帝是南宋灭亡时三位幼主中唯一侥幸活下来的人，但最后还是被杀了。

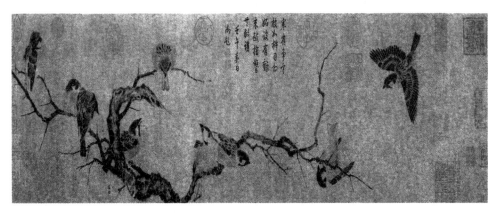

辽金西夏——边域称雄

　　我国宋朝时期，北方出现了三个少数民族建立的政权，即辽、金和西夏。这三个政权称雄边域，为中华民族的发展作出了贡献。辽也称辽国、契丹，是中国五代十国北宋时期以及契丹族为主体建立的封建王朝，统治中国北部。金是位于我国东北地区的女真族建立的一个政权，1125年灭辽，1127年灭北宋。西夏原名大夏，是中国历史上由党项人在中国西部建立的一个封建政权，长达190年，最后亡于蒙古。

一、略谈辽金西夏

我国宋朝时期，北方出现了三个少数民族建立的政权，即辽、金和西夏。这三个政权称雄边域，为中华民族的发展作出了贡献。

辽（907—1125）也称辽国、契丹，简称辽，是中国五代十国北宋时期以契丹族为主体建立的封建王朝，统治中国北部。907年，辽太祖耶律阿保机统一契丹各部称汗，国号"契丹"，947年定国号为"辽"，983年复称"契丹"，1066年又恢复国号"辽"，1125年被金国所灭。辽亡后，辽宗室耶律大石率遗民西迁到中亚楚河流域再建辽国，史称西辽，1218年被蒙古汗国所灭。

契丹族源于古老的民族柔然。北魏登国四年（389），北魏大败柔然后，北柔然退到外兴安岭一带，成为蒙古人的祖先室韦；而南柔然移居今内蒙古的西喇木伦河以南、老哈河以北一带，过着游牧和渔猎的氏族社会生活。

南柔然共有八个部落：迭刺部、乙室部、品部、楮特部、乌隗部、突吕不部、涅刺部、突举部。后来，各部走向联合，形成契丹民族。

在契丹八部中，各部的酋长称大人，再由八部大人推选一人为首领统率八部。被推选的首领一般任期三年，特殊情况下临时补选。

唐朝安史之乱发生后，藩镇相对独立，中央政权支离破碎，出现了军阀割据的局面。这给生活在西辽河流域的契丹人提供了发展壮大的机会。在契丹八部中，迭刺部距中原较近，躲避中原战乱的北方汉族人纷纷逃入契丹地区，给他们带去了先进的生产技术，使迭刺部的发展很快超过了其他七部。

"耶律"是迭刺部首领的姓氏，迭刺部首领拥有世选八部军事首领夷离堇的特权。

"契丹"一词原意为镔铁，镔铁是古代把表面磨光再用腐蚀剂处理的一种钢，可见花纹，又称宾铁。镔铁主要用来制作刀剑，极其锋利，有吹风断发之誉。

辽太祖耶律阿保机就是迭剌部首领的后代。

金（1115—1234）是位于我国东北地区的女真族建立的一个政权，1125年灭辽，1127年灭北宋。全盛时代的统治范围东北到日本海、黑龙江流域一带，西北到河套地区，西边与西夏接壤，南边以秦岭到淮河一线与南宋交界。1234年灭于蒙古汗国与南宋的联合进攻。

金国建国早于南宋建国十二年，而亡国则早于南宋亡国四十五年。

女真族居住在长白山和黑龙江流域，早在战国时期即见于历史记载，译为汉语称作"肃慎"。据《国语·鲁语》记载，肃慎在西周时曾向周王进贡楛矢和石砮。契丹建国后，女真族处在辽国的统治之下，称作"女真"。

散处在辽阳一带的女真部落由辽国官员直接统治，编入辽国户籍，称"熟女真"。松花江以北、宁江以东地区的女真族也处在辽国的统治之下，但不像熟女真那样由辽国官员直接统治，也不编入辽国户籍，只献贡品，称"生女真"。

北宋末年，女真族逐渐强大起来。"女真"译成汉语是"海东青"。海东青是一种雄鹰，极其凶猛，个头比天鹅小得多，但能直上苍穹啄杀天鹅。

女真人长期受辽国贵族的统治，对统治者产生了强烈的反抗情绪。

辽天祚帝昏庸残暴，治国无方，导致民怨四起。面对即将崩塌的帝国大厦，他毫无察觉，依旧日夜玩乐。他爱好打猎，出猎时总是带上海东青和猎犬。由于海东青是捕猎能手，天祚帝便令女真人进贡。

女真人几乎抓尽了境内的海东青进贡，却仍然不能满足贪婪的天祚帝。

契丹贵族除了向女真人掠取财物外，还要他们进献美女伴宿，不问出嫁与否，也不问门第高低，任意凌辱，称为"荐枕"。这激起了女真人的无比仇恨。

完颜阿骨打对辽国统治者恨之入骨，起兵反辽，建立金国。后来，金国终于灭了辽国。

西夏原名大夏，是中国历史上由党项人于宋仁宗景祐五年（1038）至宋理宗宝庆三年（1227）在中国西部建立的一个封建政权，长达190年，最后亡于蒙古。因其在中原之西，宋人称之为"西夏"。西夏建国晚于北宋建国78年，西夏亡国晚于北宋亡国100年，早于南宋亡国52年。

党项是羌族的一支，生活在青藏高原的党项羌和吐谷浑在唐朝初年曾联兵对抗强大的吐蕃。唐高宗时，吐谷浑被吐蕃所灭，失去依靠的党项羌请求内附，被唐高宗安置于松州（今四川松潘）。后来，党项羌逐步繁衍成几个大部落，其盟主拓跋氏占据了青海东南和甘肃南部等地。唐玄宗时，党项羌惧怕四处劫杀的吐蕃军队，向唐玄宗求救，被迁到庆州（今甘肃庆阳安）安置。安史之乱爆发后，郭子仪怕他们闹事，建议唐代宗将庆州的拓跋朝光部迁至银州（今陕西榆林）以北和夏州（今陕西横山）以东地区（相当于今内蒙古鄂尔多斯东南）。这一地区即南北朝时匈奴人赫连勃勃的大夏旧地，当时称平夏，因此这部分党项羌就成为平夏部，即西夏皇族的先人。

唐僖宗时，党项羌首领拓跋思恭被朝廷封为夏州节度使，进攻黄巢起义军，一度收复长安，因功被赐姓李，封夏国公。从此，拓跋思恭及其李姓后代成为当地的藩镇势力，其势力范围以夏州为中心，包括夏、绥、宥、银四州（即今鄂尔多斯南部地区）广大地区。

五代十国时，不管中原是何人称帝，拓跋氏都俯首称臣，换来该地的统治地位和大量的赏赐。

平夏地区十分富饶，是肥美的牧场，为党项羌提供了大量的牛羊和粮草，还盛产可当货币使用的上好青盐，年产量15000斛左右，因此平夏部党项羌的势力渐渐膨胀起来。

夏州节度使李继捧上台后，情况变了。宋太宗太平兴国七年（982），宋太宗要尽削藩镇的兵权，把李氏亲族请到京城，要根除西北这一盘踞势力。

李继捧的族弟李继迁志向不凡，深知一旦入京，等于蛟龙失水，因此借故逃入北方大草原。

李继迁连娶几位当地豪强的女儿作妻作妾，与地方首领成了亲戚，势力渐渐强大起来。

宋太宗雍熙二年（985），李继迁同族弟李继冲诱杀宋将曹光实，占据银州，攻破会州（今甘肃靖远），又向辽国请降，被契丹封为夏国王，史称夏武宗。

宋太宗至道二年（996），李继迁截夺宋军粮草，又包围灵武。宋太宗大怒，派五路大军击夏，都战败了。

宋太宗死后，宋真宗即位，采取和戎政策，割让夏、绥、银、宥（今陕西靖边）、静（今陕西米脂）给李继迁，承认了西夏的独立地位。

宋真宗咸平五年（1002），李继迁率军攻陷宋朝重镇灵州，改名西平府。

宋真宗咸平六年（1003），李继迁攻取西北重镇凉州（今甘肃省武威市），一度截断宋朝与西域的商道，截断西域向宋朝的入贡之路，还禁止西域诸部向宋朝卖马，严重影响了宋朝的国防。

六谷蕃部酋长潘罗支诈降，李继迁与其会盟时，遭了吐蕃人暗算，被强弩射伤，伤重而死，其子李德明继承了他的事业，为西夏的建立打下了基础。

西夏立国后，追谥李继迁为夏武宗。

辽金西夏——边域称雄

二、辽

（一）辽太祖

唐懿宗咸通十三年（872），一代天骄耶律阿保机在契丹迭剌部降生了。从耶律阿保机的七世祖开始，耶律家族就掌握了契丹八部联盟的军权，连任夷离堇，地位仅次于八部联盟首领。

耶律阿保机一降生就面临着血腥的权力争夺，耶律阿保机的祖父匀德实不幸被杀了。

耶律阿保机的祖父遇难后，家人四散逃亡，襁褓中的耶律阿保机由祖母照管。祖母怕耶律阿保机被追杀者认出来，就把他的脸涂得脏脏的，整天东躲西藏。有一天，大队骑兵追踪而至，祖母急中生智，把耶律阿保机藏到另一个帐篷里才躲过一劫。

后来，耶律阿保机的伯父重掌八部军事大权，把年幼的耶律阿保机接到身边抚养。

耶律阿保机自幼聪明过人，长大后身体魁梧健壮，武功高强，胸怀大志。他身长九尺，目光射人，能开三百斤硬弓。

耶律阿保机率领侍卫亲军多次立下战功，受到伯父的赏识。伯父有意培养他，让他参与军政。

唐昭宗景福元年（892），20 岁的耶律阿保机迎娶 14 岁的表妹述律平为妻。述律平十分聪明，有胆有识。耶律阿保机有了贤内助，更是如虎添翼了。

伯父死后，耶律阿保机被推选为夷离堇，继承了伯父的职位，成为八部联

盟的军事统帅，地位仅次于可汗，掌握了联盟的军事大权。

这时，耶律阿保机只有30岁，手中掌握的联盟军事大权为他建立军功、树立权威创造了有利条件。他率军四处征伐，接连攻破室韦和奚人等部落，同时南下进攻汉人聚居的地区，掠回大批的汉人和大量的牲畜，实力越来越强了。

唐朝末年，幽州(今北京一带)节度使刘仁恭多次出兵进攻契丹，契丹人深受其苦。八部大人归咎于可汗无能，要求改选可汗。耶律阿保机凭借自己强大的实力和崇高的威望，于唐哀宗天祐三年（906），也就是唐朝灭亡的前一年登上了可汗的宝座。

按照传统制度，可汗要三年改选一次。汉人谋士经常对耶律阿保机说："中原汉人的皇帝是世袭的，从来不改选。"于是，耶律阿保机在任满三年后拒不交出大权，要像中原皇帝一样实行终身制和世袭制。

为了争当可汗，耶律阿保机的兄弟首先起来反对他，由此发生了契丹历史上的"诸弟之乱"。

从911年到913年，兄弟叛乱一共发生了三次。耶律阿保机不愿意手足相残，想将几个兄弟教育后释放。这时，述律平说："可汗还想看到第四次叛乱吗?"于是，耶律阿保机狠了狠心，将参加叛乱的兄弟及他们的亲属上百人全部处死。

"诸弟之乱"平息后，另外七部贵族为了夺权，仍在暗中做着推翻耶律阿保机的准备。

后梁末帝乾化五年（915），耶律阿保机征讨室韦，胜利而归，七部贵族假装欢迎他，乘他不备时将他抓住，将刀架在他的脖子上逼他让位。面对死亡，耶律阿保机只好辞去可汗之职，带着自己的部落迁到滦河一带。

为了东山再起，耶律阿保机重用汉族知识分子。

耶律阿保机采用汉族谋士的建议，在滦河之滨建了一座城，并改变契丹的游牧习俗，大力发展农业和盐铁业。不久，耶律阿保机所部的军事实力和人口总数开始雄居契丹八部之首。

由于其他七部都要由耶律阿保机提供盐铁，耶律阿保机控制了其他七部的经济命脉。

耶律阿保机见时机成熟，便开始了扫平称帝障碍的计划。他亲赴其他七部，对七部大人说："感谢各位大人厚待我，让我苟活至今。我特备薄酒，略表谢意，请大人光临寒舍。再者，我又新建了几个盐场，请大人们聚在一起议议新盐的分配。"

七部大人被耶律阿保机的表面诚恳所迷惑，信以为真，都准时赴宴了。宴会上，耶律阿保机谈笑风生，频频举杯劝酒。就在七部大人喝得酩酊大醉时，耶律阿保机一声令下，早已安排好的伏兵一拥而出，挥刀砍死了七部大人。耶律阿保机随即率大军杀出滦河，统一了契丹八部。

后梁末帝贞明二年（916），耶律阿保机用青牛白马祭旗，敬告先祖，登基称帝，建立了契丹国，定年号为神册，建都临潢（今内蒙古巴林左旗南），称上京。耶律阿保机自称天皇帝，史称辽太祖。

这一年是五代后梁贞明二年，比宋太祖建立宋朝要早 34 年。

称帝之后，耶律阿保机继续扩张领土。这时，漠北的游牧部落和契丹比起来势力都很小，东边的渤海国和高丽国已经衰落，南边的后梁也在走下坡路。这种形势对耶律阿保机开疆拓土十分有利，他想建立一个南到黄河，北至漠北的北方大国。

契丹天赞五年（926），耶律阿保机灭了渤海国，将渤海国改为东丹国，意即东契丹国，让皇太子耶律倍担任东丹王，管理东丹事务。

回师途中，耶律阿保机病逝于扶余城（今吉林农安），终年 55 岁。

耶律阿保机统一了中国北方，密切了各族人民之间的联系，为我国北部社会发展和民族融合作出了贡献。

耶律阿保机在与中原和西部各国的交往中，能够融汇众长，卓有成效地促进了契丹政治、经济和文化各个方面的迅速发展。

（二）辽太宗

耶律阿保机死后，述律平摄政，杀了政敌数百人。契丹天显元年（927）十一月，在述律平的支持

中国古代乱世王朝

下，次子耶律德光即位，史称辽太宗。

耶律阿保机死后，契丹皇族内部存在着两种不同的政治主张。太子耶律倍是汉族封建文明的向往者，述律太后和辽太宗则极力发展奴隶制。耶律倍温文尔雅，能作辽、汉文章，通音律，善绘画，在东丹国建立制度时全用汉法。契丹天显六年（932），耶律倍南逃后唐，辽太宗统一了契丹。

辽太宗继承辽太祖的事业，在他统治契丹的二十年间一再率军南侵。

契丹天显十年（936），后唐河东节度使石敬瑭派使者持信拜见辽太宗，以称儿、割让燕云十六州为条件乞求辽太宗出兵援救，共击后唐大军。

辽太宗见信后，非常高兴，回信说："等秋高马肥时，当出动全国军队南下。"

九月，天高云淡，辽太宗亲自率领五万骑兵，号称三十万，自扬武谷南下，旌旗蔽日，绵延五十余里。

辽太宗抵达晋阳后，石敬瑭派出军队前去夹击后唐军，后唐军大败。

这天晚上，石敬瑭出晋阳北门拜见辽太宗。辽太宗握着石敬瑭的手说："真是相见恨晚。我看你相貌气度，真是中原之主啊！我想立你为天子。"石敬瑭再三推辞，但将吏都劝他答应下来，他只得同意了。于是，辽太宗写好册立文书，封石敬瑭为皇帝，建立晋国，史称后晋。辽太宗脱下自己的衣冠给石敬瑭，让他在柳林筑坛登基。石敬瑭称辽太宗为父亲，做了儿皇帝。其实，辽太宗比石敬瑭还小 11 岁。

接着，双方乘胜南下，后唐灭亡，石敬瑭统一了黄河流域。

后晋天福七年(942)六月，石敬瑭病逝，其子石重贵即位。

接着，朝廷上讨论如何向契丹告哀，掌握禁军的景延广说："不必用奏章，只写封信就行了。而且只称'孙'，不要称'臣'。"大臣李崧反对说："这恐怕不妥！为了国家委屈自己并不羞耻。陛下如果不肯委屈，势必同契丹开战，那时就后悔莫及了。"但景延广坚持己见，石重贵接受了景延广的意见。

果然，辽太宗见信大怒，派使节质问说："为什么不先来报准就私自即位？"

景延广执笔回信，措辞十分强硬。

景延广是武夫出身，功夫过人，瞧不起北方落后的少数民族。石重贵对他的信任超过其他宰相，让他掌握禁军，无人敢跟他争辩。

辽太宗见了回信，心中大怒，立即亲率契丹大军南下，石重贵这才有些害怕了。他派使者求和，想恢复友好关系，辽太宗说："创伤已深，无法愈合了。"

不久，契丹攻入开封。后晋天福十二年(947)正月初一，后晋大臣穿着素衣，戴着纱帽，到开封城北迎接辽太宗。

契丹兵押解景延广北上，正月初四路过陈桥。当晚，景延广趁卫兵不注意时用双手扼住咽喉，气绝而死。辽太宗封石重贵为负义侯，要送他到黄龙府去安置。

正月初九，辽太宗穿戴汉人衣帽，文武百官开始照常办公。

正月二十九日这天，辽太宗对原后晋的文武百官说："我们契丹疆域广大，有好几万里，仅大酋长就有 27 人。中原风俗与我们完全不同，我想选一个人做

你们的君主，你们可有什么意见？"百官齐声说："天无二日，民无二君，我们都拥护陛下当皇帝。"

2 月 1 日，辽太宗头戴通天冠，身穿赤纱袍，登上金銮殿，做了汉人皇帝。为了怀柔汉人，辽太宗特地把民族色彩浓厚的"契丹国"改称"辽国"。

辽太宗采取因俗而治的统治方式，实行南北两面官制度分治汉人和契丹，又改幽州为南京，云州为西京。

辽太宗虽然在开封做了皇帝，却没有站住脚。由于辽兵在中原四处抢掠，给百姓造成了巨大的灾难，各地百姓纷纷起来反抗，狠狠地打击了辽军。辽太宗对大臣们说："我不知道中原人这样难以统治！"

3 月 17 日，辽太宗动身北上，带走了后晋官员多人，禁卫军几千人，宫女和太监几百人。国库和宫中的金银珠宝全都装车拉走了。但他还未走到家乡就病逝在杀胡林（今河北栾县）了。

（三）辽世宗

耶律阿保机的太子耶律倍出逃后唐后，其子兀欲在契丹受封为永康王，随

辽太宗南侵。辽太宗病逝后，他在宗室大臣拥戴下即位，改年号为天禄，史称辽世宗。

这时，述律太后在上京闻讯，心中大怒。原来，她想立她的爱子李胡即位。李胡曾加号天下兵马大元帅，与辽太祖在位时耶律德光的地位相当。辽世宗在镇阳（今河北栾城北）即位后，述律太后命李胡领兵讨伐，要夺取帝位。

辽世宗派遣老将迎战，李胡大败而归。辽世宗领兵北上，述律太后与李胡在潢河整兵备战，两军在潢河渡口隔岸对阵。

契丹贵族见国内大乱，都说："如果打起来，我们父子兄弟就要互相残杀了！"述律太后向贵族耶律屋质问计，耶律屋质说："李胡、永康王都是太祖子孙，原是一样的。耶律倍和永康王又是长子和长孙，即位有何不可？太后应从长考虑，与永康王议和。"于是，述律太后命耶律屋质去见辽世宗，辽世宗派耶律海思前来约和，往返数日，终于决定罢战。

述律太后问耶律屋质说："和议已定，帝位究竟归谁？"耶律屋质回答说："太后授永康王帝位，还有什么可疑？"李胡在旁厉声说："有我在，兀欲怎能称帝！"耶律屋质回答说："按照制度，长子如果有后，是不能传弟的。当年，太宗之立，人们尚以为非，何况是你了？现在众口一词，愿立永康王，不可更改了。"述律太后一闻此言，只好答应立永康王为帝了。

辽世宗回到上京，将述律太后和李胡迁到祖州（今昭乌达盟林东镇西南）软禁后，将其同党骨干全部处死。

辽天禄三年（949），萧翰和公主阿不里联络明王耶律安端谋叛，耶律屋质报告了辽世宗。辽世宗将萧翰诛杀，阿不里则在入狱后死去。耶律安端的儿子察割很狡猾，他痛哭流涕，假装揭发父亲的罪行，骗得了辽世宗的信任。结果，辽世宗只将他的父亲安端贬到外地统领部族军队，没有处死，还把察割留在朝中，委以重任，十分宠信。

辽世宗倾慕中原风俗和政治制度，任用很多汉人担任要职，引起了旧贵族的不满。

察割表面一套，背后一套，偷偷谋篡帝位。耶律屋质向辽世宗汇报，请他提防察割，辽世宗不相信察割会反。屋质再次劝他采取措施时，他摇头说："察割舍父，大义灭亲，不会有什么事的。"

辽天禄五年（951）年初，后汉枢密使郭威推翻刘知远建立的后汉，建立了后周。刘知远的弟弟刘崇在太原重建汉国，史称北汉。

这年六月，刘崇遣使到辽国求援，愿意接受辽帝的册封，辽世宗派遣使者册封刘崇为"大汉神武皇帝"。

郭威闻讯，向北汉进兵。九月，辽世宗应北汉主刘崇之请，召集各部酋长商议出兵攻打后周。由于连年征战，民力耗尽，酋长们都不愿意南侵。但辽世宗却强令他们按期率军南下，他自己也统率本部人马于九月动身，到达祥古山，驻于火神淀。各部酋长不敢违令，只好带领人马赶到这里。晚上，辽世宗祭祀辽太宗亡灵之后，设宴招待群臣和各部酋长饮酒。辽世宗喝得酩酊大醉，被左右扶入内帐。

深夜，燕王耶律察割率领一群酋长冲入内帐，举刀砍死了沉睡中的辽世宗。

辽世宗虽然在位只有四年，但他对辽国是有贡献的，他将辽国的政治制度发展并完善了。辽世宗将后晋的一整套汉族官制带到了辽国，加上原来辽太祖时期确立的官制，终于使辽国的官制在部分汉化的过程中形成了具有自己特色的民族官制。

（四）辽穆宗

辽世宗死后，耶律屋质逃出，遣人召集诸王和侍卫合力讨伐察割。

随军出征的辽太宗之子寿安王耶律璟正在营帐，屋质对他说："大王是太宗之子，叛贼一定不会容你，万一落到贼人手里就后悔莫及了。"于是，耶律璟和屋质整军出战，诸将相继来会，围攻察割。

察割被杀后，耶律璟即位，史称辽穆宗，改年号应历。

辽穆宗在位十九年间，皇族内部一再发生企图夺取皇权的谋反事件，还爆发了奴隶起义。为了稳定辽朝内部的统治，辽毅宗不再发动南侵战争，但也不能不管依附辽国的北汉。只要北汉与后周发生战争，辽国总是出兵援汉抗周，收复北汉被后周夺去的州县，以稳定辽国南境的局势。

后周显德元年(954)，郭威病逝。柴荣即位，史称周世宗。

北汉主刘崇趁后周国丧，请契丹发兵协助，想一举消灭后周。

不料，刘崇轻敌，只让辽军观战。结果，北汉军大败，刘崇只得披上蓑衣，戴上斗笠，仅带一百余人狼狈逃回太原。

和过去大规模南侵战争不同，辽穆宗几次出兵南下，都只是为了维持现状，以攻为守。

后周世宗三征南唐，取得了江北十四州、六十县的土地。接着，他决定收复幽州。后周显德六年(959)三月，后周世宗亲自统兵北伐，战争进展得非常顺利。四月，契丹宁州刺史王洪献城投降。接着，益津关契丹守将终延辉开关投降。赵匡胤率军进入瓦桥关，契丹守将姚内斌也献城投降了。仅42天，后周大军就收复了三关十七县土地，辽穆宗大惊。三关即益津关（今河北霸县境内）、瓦桥关（今河北雄县旧南关）和淤口关（今河北霸县东）。

后周世宗乘胜前进，准备直取幽州，先头部队已经攻入易州、固安。

辽穆宗见南京（今北京）受到威胁，居民震惊，便亲自出兵到南京督战。辽穆宗说："此本汉地，今以还汉，又何惜耶？"

这时，后周世宗突然患病，只得在瓦桥、益津两关设雄、霸二州，留兵驻守，然后匆匆回师南下了。

回到开封后到第18天，年方39岁的后周世宗就病逝了，收复燕云十六州全部失地的雄心壮志未能实现。

辽穆宗见后周退军，他也回上京了。事后，他部署辽兵收复部分失地，加强防御。

辽穆宗在稳定政权之后，觉得已无后顾之忧，便开始放纵了。他晚上饮酒作乐，直至次日清晨，白天睡觉，政事全抛在脑后，因此人称"睡王"。

辽穆宗喜欢游猎，不分季节，不管春夏秋冬，只要高兴便外出游猎。在游猎时，辽穆宗也不忘饮酒，每次游猎饮酒都要饮七昼夜才肯罢休。

辽穆宗饮酒之后，杀人成性，视人命如草芥，动不动就找碴杀人。左右侍

165

从稍有过错，就被他亲手杀死，弄得侍从整天提心吊胆。大臣们见他如此，一个个都敢怒而不敢言。据《辽史》记载，辽穆宗杀人是听信了女巫的话，为了取人胆制延年益寿的仙药，以求长生不老。因此，他每年都有杀人的记录。

辽应历十五年（965）三月，近侍东儿因为送吃饭用的刀子和筷子慢了，被辽穆宗杀死。十二月，辽穆宗借口近侍喜哥私自回家，杀掉了他的妻子。

应历十九年（969）二月，辽穆宗杀了前导，锉尸弃之。

不久，不甘心坐以待毙的近侍小哥、盥人花哥决定先下手为强，杀掉辽穆宗。他们手里没有武器，便联合御厨，趁辽穆宗喝醉时，用御厨的菜刀将其杀死。

（五）辽景宗

辽穆宗死后，辽世宗第二子耶律贤即位，史称辽景宗。

辽景宗即位后，宋太祖领兵攻打北汉，辽景宗出兵援汉，宋兵退走。

辽保宁六年（974），辽宋议和罢兵。

两年后，宋太祖统一了江南，又分道向北汉都城太原进军。辽景宗发兵出援，宋兵败退。

这年十一月，宋太祖病逝，其弟赵匡义即位，史称宋太宗。

辽保宁十一年（979），宋太宗亲率大军攻打太原。辽景宗派大将耶律沙、敌烈率军援救北汉，与宋军战于白马岭，敌烈战死，辽军大败。北汉皇帝刘继元降宋，北汉灭亡了。

宋太宗乘胜向幽州进军，驻守南京的北院大王奚底与南京留守韩德让合力防守。奚底出战，南京城被宋兵围困，韩德让登城坚守，辽景宗命耶律休哥代奚底领兵。七月，耶律沙自太原来援，与宋军战于高梁河。耶律休哥与南院大王耶律斜轸从宋军背后进击，宋兵大败。宋太宗乘驴车仓皇逃走，臀部中了两箭。韩德让乘胜出击，宋兵损伤惨重，辽兵转败为胜。

在以后的岁月里，宋太宗备受箭伤折磨。最后，终因箭伤发作而死。

辽景宗粉碎了宋朝收复燕云十六州的企图，巩

中国古代乱世王朝

固了对这一地区的统治。

辽景宗在位 13 年，即位后建立嫡长子继承制度，这是契丹封建化的标志。

辽景宗学习汉族文化，总结汉族治国经验，用来治理辽国。辽景宗不但支持汉族人在汉族地区发展农业，在草原上如有适合发展农业的地方也让汉人开荒种地。为保护庄稼，发展农业生产，辽景宗下令禁止践踏庄稼，部队行军时也必须绕开农田。

农业的发展增强了辽国的国力，百姓都吃上了饭。

辽景宗重用人才，尤其是汉族人。辽景宗即位后，先将拥立他即位的汉族官员高勋封为南枢密院使，又加封为秦王。汉官韩知古的儿子韩匡嗣被任命为上京留守，后来改任南京留守，加封燕王。从此，汉官进入辽国政权中枢。由于重用汉官，极大地促进了政权中枢的进步和工作效率，也促进了契丹的封建化。

取得燕云十六州后，辽景宗选拔一批精明强干的汉族知识分子做官，治理各州的事务。

辽景宗让下属举荐德才兼备的人，还出诏招贤，考核成绩突出的，立即出任高官。

辽景宗吸收汉族礼仪，废除了婚姻制度中姊死妹续的契丹旧俗。

辽景宗还命令担任汉官的契丹人随汉族礼俗，可以和汉族人自由通婚，从而促进了民族之间的交流和融合，从根本上密切了契丹与汉族的关系。

韩匡嗣之子韩德让代父守卫南京，大败宋兵，因功升任辽兴军节度使，进为南院枢密使。这样，韩氏成了辽国汉人官员中最有权势的一个家族。

辽景宗在位时，辽国进入中兴时期。其子辽圣宗即位后，在韩德让和萧太后的辅佐下，辽国开始向全盛时期迈进。

辽乾亨四年（982）九月，辽景宗在云州（今山西大同）出猎时，病逝于焦山。

（六）辽圣宗

辽景宗病逝后，韩德让与耶律斜轸遵辽景宗遗命立皇子隆绪即位，史称辽圣宗。

辽圣宗改国号为契丹，以第二年为统和元年。

这年，辽圣宗才12岁，军国大事全由辽景宗皇后，即萧太后裁治。

韩德让与耶律斜轸分任南北院枢密使。韩德让深受萧太后信任，用汉人负责宿卫，加开府仪同三司，兼政事令。

契丹统和十七年（999），耶律斜轸病逝，韩德让以南院枢密使兼北院枢密使，总管契丹、汉人两院事，进封大丞相。韩德让总揽军政大权，赐姓耶律，先后赐名德昌、隆运，封晋王，权位仅次于帝后。韩德让是辽朝汉人地主势力的一个代表，汉人地主势力大为增长了。

辽圣宗、萧太后在韩德让等汉官的辅佐下，励精图治，注重农桑，兴修水利，减少赋税，整顿吏治，训练军队，使辽国百姓富裕，国势强盛。

在此基础上，辽圣宗、萧太后进行了一系列的改革，将原来捕鹰和冶铁的奴隶变为平民，还将历年来从周邻诸族，如女真、乌古、敌烈、室韦、达鲁虢、党项俘获的大批奴隶变为平民，从而解放了大批生产力。

辽穆宗时刑法严酷，萧太后、辽圣宗放宽法令，奴隶主不能再任意屠杀奴隶。

辽圣宗仰慕汉族的封建文明，喜读《贞观政要》，又善于吟诗作曲。辽圣宗让契丹贵族在接受汉文明的同时，仍不废射猎，保持骁勇善战的武风。

辽圣宗时，封建制已经逐步确立起来，奴隶的解放和封建制的确立使辽国进入全盛时代。

于是，辽国频繁向周邻各族出兵，进一步向外扩张。

契丹统和四年（986）三月，宋太宗分三路进兵，要再一次夺回燕云十六州。萧太后与辽圣宗到南京（今北京）督战，调集各地重兵反攻。六月，耶律斜轸生擒宋将杨业，云州等地宋军弃城而逃，辽军大获全胜。

契丹统和二十二年（1004）秋，萧太后和辽圣宗亲自率领20万大军南下，直逼黄河岸边的澶州(今河南省濮阳县)城下，给北宋的都城造成了严重的威胁。警报一夜五次传到汴京，宋真宗召集群臣商议对策，接着御驾亲征，打败了辽兵。萧太后不敢再战，提出议和。宋真宗认为国家府库充实，拿出一些资财换取和平，免得生灵涂炭。这年十二月，双方正式议和，签订了"澶渊之盟"。盟约内容如下：宋辽约为兄弟之国，辽圣宗称宋真宗为兄，宋真宗尊萧太后为叔母；宋每年给辽绢二十万匹、银十万两，称为"岁币"；双方各守现有疆界，不得侵犯，并互不接纳和藏匿越界入境之人；辽军撤退时，宋军不得沿途袭击。

从此，北宋和辽国相安无事，长达一百多年未发生过战争。

澶渊之盟后，宋辽两国百姓开始边境贸易，互通有无，确如兄弟一般。

五年后，萧太后病逝。辽圣宗亲政后，大力选拔人才，知人善任，使统治集团内部相对稳定。他尤其注意重用有才干的汉族官员，吸收更多的汉族知识分子进入政权核心。在他们的帮助下，辽国越来越强盛了。

辽圣宗继续统治22年，延续萧太后执政时的辽国风貌，这22年是辽国的极盛时期。

契丹太平十一年（1031），辽圣宗病逝。

（七）辽兴宗

辽圣宗死后，长子宗真即位，史称辽兴宗。

这时，贵族之间的斗争表现为契丹封建主互相倾轧、争夺封建特权的权利之争，反映出统治集团的日益腐朽和衰落。这种斗争使辽国的统治日益黑暗了。

辽圣宗皇后齐天后菩萨哥虽曾生过两个儿子，但都夭折了。

契丹开泰五年（1016），宫人耨斤生下辽兴宗，由齐天后收养，耨斤被封为元妃。

辽兴宗即位后，元妃谋夺政权，自立为皇太后，史称钦哀后。她指使护卫冯家奴、喜孙等诬告北府宰相萧浞卜、国舅萧匹敌等谋反，并且牵连到齐天后。从此，钦哀后夺权听政，辽兴宗不能处理政务。

次年，辽兴宗出猎。钦哀后乘机派人去逼齐天后自杀。又过了两年，钦哀后密谋废掉辽兴宗，要另立小儿子重元为帝。重元将其密谋告诉辽兴宗，辽兴宗立即废掉钦哀后，迁她到庆州去守陵，一举夺回了政权，封重元为皇太弟。

三年后，辽兴宗把钦哀后从庆陵迎了回来，但每次与她相见时，总是保持一段距离。

辽兴宗挫败钦哀后之后，进一步巩固了统治，接着开始了对外战争。

契丹重熙七年（1038），西夏建国，夏景宗连年侵宋。宋军回击，接连大败。为加强国防，宋军在边界地带修起壕堑。辽兴宗遣南院宣徽使萧特末、翰林学士刘六符出使宋朝，质问宋朝为何出兵伐夏和增修边防，要宋朝把后周时占领的瓦桥关以南十县土地退还给辽国。同时，南院枢密使萧惠等陈兵境上。宋仁宗为了国内安定，不愿与辽军开战，派使臣富弼等赴辽，增加岁币议和。此后，宋朝每年将给辽的岁币增加银十万两、绢十万匹。辽国不出一兵一卒，轻易取得了宋朝的银绢。

西夏建国后，日益强盛。辽朝统治下的党项部落不断叛辽附夏。此后，辽、夏边界不时发生一些冲突，但基本上仍保持着既定的局面。夏景宗死后，谅祚即位，仍向辽国称藩。

辽兴宗工诗词，善丹青，曾画鹅、鹰送给宋仁宗。宋仁宗看了之后，认为他是水平很高的山水、花鸟画家，俨然有中原帝王之风，于是赠书画给他。此事在历史上一直传为美谈。

重熙二十四年（1055），辽兴宗病逝，长子耶律洪基即位，史称辽道宗，改元清宁。

（八）辽道宗

辽道宗即位后，奉叔父耶律重元为皇太叔，加号天下兵马大元帅。

契丹清宁九年（1063），耶律重元佯称有病，想诱使辽道宗于出猎时顺路去探望他，然后与儿子涅鲁古乘机刺杀辽道宗。宫人耶律良发觉了这一阴谋，经皇太后转告辽道宗，平定了叛乱。

辽咸雍二年（1066），辽道宗下令将国号恢复为"辽国"。

辽国北院枢密使耶律乙辛擅政，为了篡权，竟于辽道宗太康元年（1075）诬告懿德皇后萧观音和伶人赵惟一私通。辽道宗逮捕赵惟一，施以种种酷刑，赵惟一受刑不过，只得诬服，于是辽道宗逼令皇后自缢。

辽太康三年（1077），耶律乙辛又诬告太子耶律浚谋图夺位，辽道宗不顾太子百般申辩，竟将其囚禁。不久，耶律乙辛派人暗杀了太子，谎报太子是病逝的。辽道宗要召见太子妃，耶律乙辛又杀死太子妃以灭口。

后来，有人进谏，辽道宗才把皇太子的儿女接进宫。

辽太康五年（1079）七月，耶律乙辛想乘辽道宗游猎时谋害皇孙，辽道宗听从大臣的劝谏，让皇孙和他一同出猎，耶律乙辛的阴谋未能得逞。

直至辽太康七年（1081），辽道宗才知道自己上了当，便废黜了耶律乙辛及其党羽。

辽太康九年（1083），辽道宗追封故太子为昭怀太子，以天子之礼改葬。

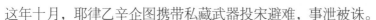

这年十月，耶律乙辛企图携带私藏武器投宋避难，事泄被诛。

辽道宗是个才子，通音律，善书画，爱好诗赋。他与大臣有"诗友"之交，常作诗赐给大臣，互称诗友。陆游《老学庵笔记》里记载说："辽相李俨作《黄菊赋》献其主耶律洪基，洪基作诗歌其后以赐之。"耶律洪基即辽道宗，他题在李俨《黄菊赋》后面的诗如下："昨日得卿黄菊赋，碎剪金英填作句。袖中犹觉有余香，冷落西风吹不去。"诗中将人比作菊花，余香不散，有"赠人佳卉，袖有余香"之意。这首诗是辽诗中的名诗，对后世影响较大。元人张肯化改写此诗成《蝶恋花》词上半阕："昨日得卿《黄菊赋》，细剪金英，题作多情句。冷落西风吹不去，袖中犹有余香度。"

辽道宗在位 45 年，笃信佛教，广印佛经，大建寺塔，劳民伤财，使社会矛盾进一步激化，辽国开始由盛转衰。这时，辽统治下的女真族开始兴起，最终成为辽国的掘墓人。

辽寿昌七年（1101），辽道宗病逝，太子耶律浚之子耶律延禧即位，史称天祚帝。

（九）天祚帝

天祚帝耶律延禧是辽国最后一位皇帝，是辽道宗的孙子，父亲是辽道宗时被害的太子耶律浚。

天祚帝即位后，西夏崇宗受北宋攻击，一再向辽国求援，并求天祚帝许婚。

天祚帝于辽乾统五年（1105）将一名族女封为公主，嫁给了夏崇宗，并派使者赴宋，劝宋对西夏罢兵。

辽金西夏——边域称雄

这时，东北地区的女真族逐渐强大起来。女真族是我国古代少数民族之一，"女真"译成汉语是"海东青"。海东青是一种雄鹰，极其凶猛，个头比天鹅小得多，但能直上苍穹啄杀天鹅。

女真人长期受辽国贵族的统治，对统治者产生了强烈的反抗情绪。

辽天庆二年（1112）二月，天祚帝到东北春州（在今吉林省）巡游，兴致勃勃地在混同江（今松花江）捕鱼，并且命令当地的女真各部酋长都到春州朝见。

按照当地风俗，每年春季最早捕到的鱼要先给死去的祖先上供，并且摆酒宴庆祝，称为"头鱼宴"。这年，天祚帝在春州举行头鱼宴，请酋长们喝酒。天祚帝几杯酒下肚，有了几分醉意，叫酋长们给他跳舞助兴。那些酋长虽不愿意跳，但不敢抗命，就挨个儿离开座位，跳起民族舞蹈来。

当轮到一个青年时，他一动也不动。这个青年是女真族完颜部酋长，名叫完颜阿骨打。

阿骨打善于射箭，百发百中，而且射得极远，无人能赶上他。有一天，一群人向远处的一座高阜射箭，别人射出的箭距高阜还差一百步，而他的箭竟射过高阜了。后来，人们为了纪念这件事，特地在那里立了一座射碑。

再说天祚帝见阿骨打居然敢当着大家的面顶撞他，很不高兴，一再催他跳；一些酋长怕他得罪天祚帝，也从旁劝他跳。可阿骨打拿定主意就是不跳，叫天祚帝下不了台。

这场头鱼宴闹得不欢而散。天祚帝当场虽未发作，但散席之后对大臣萧奉先说："阿骨打这样跋扈，实在让人无法容忍。不如趁早杀了他，免生后患。"萧奉先说："阿骨打并无大过，杀了他恐怕会引起其他酋长的不满。再说，他是个粗人，不懂礼节，跟他计较不值得。即使他有什么野心，小小一个部落也成不了气候。"天祚帝觉得萧奉先说得有理，也就把这事搁在一边了。

这年九月开始，完颜阿骨打不再奉诏，并开始对不服从他的女真部落用兵。

辽天庆四年（1114）春，完颜阿骨打正式起兵反辽。开始时，

中国古代乱世王朝

天祚帝不将阿骨打当回事。不久，他派去镇压阿骨打的军队全部被打败了。五月，女真占领了宁江州（今吉林扶余）。

辽天庆五年（1115），完颜阿骨打自称皇帝，建立了金国，年号收国，史称金太祖。天祚帝率七十万

大军御驾亲征，正渡混同江时，副都统耶律张奴造反，率众返回上京，要拥立耶律淳为帝。天祚帝急忙西还，擒斩耶律张奴。金军趁辽军西还时进击，辽军大溃，尸横百里。

辽天庆十年（1120），金国攻克辽国上京，留守投降。

辽保大二年（1122），金军大举攻辽，辽中京陷落。

中京是辽最大的陪都，其地理位置与中原相近，自古为辽河上游、燕山以北少数民族杂居地带，为辽国的咽喉，在辽代后期军事、战略、经济上有极重要的作用。

中京陷落后，天祚帝逃往夹山（今内蒙五原阴山）。夹山有如迷宫，兵不能入。

辽保大四年（1124），天祚帝中了金军诱敌之计，率军从夹山出击，连克数郡，如入无人之境，结果被金兵断了后路。

辽保大五年（1125）二月，天祚帝走投无路，只好西奔，在应州被俘，于当年八月被解送到金国上京（今黑龙江阿城），被降为海滨王，辽国灭亡了。

天祚帝在位 25 年，据《大宋宣和遗事》记载，绍兴二十六年（1156）六月，金国皇帝完颜亮举行马球比赛，命令 57 岁的宋钦宗和 81 岁的天祚帝去负责把打到球场外面的马球捡回来。天祚帝夺了一匹好马，策马狂奔，被金兵乱箭射死。一说，天祚帝在被俘的第二年就死了。

辽国建国早于北宋三十四年，而亡国则早于北宋两年。

辽金西夏——边域称雄

三、金

（一）金太祖

完颜阿骨打生于辽道宗咸雍四年（1068），从小酷爱骑射，膂力过人，为人豁达大度，颇具组织和领导才能。辽天祚帝天庆三年（1113），完颜阿骨打接替兄长乌雅束担任部落联盟长，开始积谷练兵，扩充军队，逐步统一了邻近部落，势力渐强。

辽国奴隶主对女真的统治极其残酷，女真上下对辽国统治者都有着刻骨的仇恨。

辽天庆四年（1114），阿骨打集中女真各部骑兵2500人，亲自率领他们袭击辽国。出发前，阿骨打率领兵士祭告天地，誓师说："你们同心尽力，有功者奴婢可以做平民，平民可以做官。原先有官职的，可以按功劳大小进升。倘若违反誓言，身死梃下，家属也不能赦免。"

次日，到达辽界，与渤海军相遇。阿骨打射死辽将耶律谢十，辽兵溃败，死者十之七八。十月，女真兵乘胜攻克宁江州城（今吉林省扶余县）。阿骨打又派人招降辽朝统治下的铁骊部渤海人和熟女真，俘获大量马匹和财物胜利班师。

十一月，辽朝都统萧嗣先、副都统萧兀纳率领诸路大军进攻女真，集中于鸭子河北。阿骨打领兵3700人抵敌。辽兵正准备渡河，女真军迎头痛击，乘势渡河登岸。两军在出河店相遇，大风忽起，尘埃蔽天，女真军乘势进击，大败辽兵，掳获大批车马及兵甲、武器。

辽天祚帝得知消息，立刻派大军镇压女真人。在混同江畔，辽兵遭到阿骨打骑兵痛击，落荒而走。女真人乘胜追击，兵力发展到一万人。

宋徽宗政和五年（1115），阿骨打在会宁（今黑龙江阿城南）正式称帝，国号大金，史称金太祖。

中国古代乱世王朝

原始氏族部落是以血缘关系为纽带而形成的，氏族中没有阶级对立。贫富的分化和奴隶制出现后，越来越多的外族奴隶和外族成员涌入，使原来的氏族制度无法进行管理，急需一个新的、能够进行统治的机构来代替，这便是国家。金国就是这样出现的。

金太祖即位后，率军攻打辽国东北重镇黄龙府（今吉林省农安县）。辽天祚帝派二十多万步兵、骑兵到东北去守城，被金兵打得大败而逃，连武器都丢光了。

天祚帝闻讯后一筹莫展，想跟金国讲和，但金太祖不同意，要他投降。

天祚帝老羞成怒，率领七十万大军到黄龙府去会战。

金太祖命令将士筑好营垒，挖掘壕沟，准备迎战。

正在这时，辽国发生内乱，辽天祚帝下令撤兵。金太祖趁机下令追击，几十万辽军如水溃堤，一下子全垮了。辽天祚帝一天一夜逃了几百里，才算保住了一条命。

这时，辽国兵力大都已经丧失，北方人民不满辽国贵族的统治，纷纷起义。

有人向宋徽宗提议说："辽国快要灭亡了，收复北方燕云十六州，这可是千载难逢的好机会。"宋徽宗觉得此话有理，便派人从山东渡海前往金国去见金太祖，表示愿意夹攻辽国。双方约定灭掉辽国之后，北宋收回后晋石敬瑭割让给辽国的燕云十六州，北宋把每年送给辽国的银、绢如数转送给金国。历史上称这次协约为"海上之盟"。

金天辅四年（1120），金兵攻克辽国上京临潢府（今内蒙古巴林左旗南）。天辅六年（1122），又攻克辽中京（今内蒙古宁城附近）。最后，还剩一座燕京城，按照宋金双方协定，应该由宋军攻打。

宋朝大宦官——监军童贯刚刚镇压了方腊起义军，率领十五万大军赶到北方攻打燕京。他满以为辽兵的主力已经被金军消灭，攻克燕京可以不费吹灰之力。不料辽兵虽然软弱，但比宋军的战斗力要强得多。童贯一连打了两次败仗，不但燕京没有收复，而且损兵折将，把多年来积蓄的粮草和武器全丢光了。

童贯为了逃避失败的责任，暗地派人请金兵攻打燕京。天辅六年（1122）年底，金军一举攻克燕京，但不肯还给北宋。童贯只好答应把燕京每年一百万贯的租税献给金国，才把燕京赎了回来。

金天辅七年（1123）八月，阿骨打在北返上京（今黑龙江省哈尔滨市阿城区）的途中病逝了。

阿骨打一生驰骋疆场，为女真的统一与金国的建立立下了赫赫战功。金国建立后，他对女真以氏族血缘关系为基础的部落联盟组织进行了改革，废除了同姓通婚等落后习俗。他重视发展生产，创制了女真文字，使女真人结束了刻木记事的落后状态，对女真政治、经济、文化的发展起到了巨大的促进作用。

（二）金太宗

金太祖对外作战时，金国内部政事全由他的弟弟吴乞买管理。金太祖说："你是我的亲兄弟，因此用你来作副手管理国政。"吴乞买成为仅次于金太祖的最高统治者。

金太祖病逝后，吴乞买即位，史称金太宗，改元天会。

金太宗即位后，继续进行灭辽战争。辽保大四年（1124），天祚帝退到漠北，他的儿子和家属大多数被杀或被俘了。

辽保大五年（1125）二月，天祚帝在应州被俘，八月被解送到金国上京，金太宗降封他海滨王，辽国灭亡了。

消灭辽国后，金太宗立即开始进攻宋朝。

宋徽宗宣和七年（1125）十月，金太宗借鉴打猎的阵法，兵分两路大规模南侵。一路由完颜宗翰率领进攻太原，一路由完颜宗望率领进攻燕京，两路金兵计划在汴京会合。宗翰向太原进军，宋军统帅童贯慌忙从太原逃回东京，金兵直抵太原城下。宗望大军到了燕京，守将郭药师投降。金兵以郭药师为向导长驱南下，势如破竹向汴京进军。

宗望这支金军距东京只有十天路程，情势

中国古代乱世王朝

十分紧迫。宋徽宗想弃国南逃，给事中吴敏反对逃跑，主张任用有威望的官员固守京城。吴敏举荐太常少卿李纲，说他有能力破敌。李纲上《御戎五策》，又说"非传位太子，不足以招徕天下豪杰"，要宋徽宗退位，以凝聚人心。宋徽宗正在犹豫时，听说金兵逼近京城了，吓得昏了过去，跌倒在地，群臣赶忙灌药急救。宋徽宗苏醒后，提笔写道："皇太子可即皇帝位，予以教主道君退处龙德宫。"

这年十二月，太子赵桓即位，史称宋钦宗，改年号为靖康。宋徽宗退位后，号教主道君皇帝，称太上皇。宋钦宗即位后，贬谪蔡京、童贯等人，重用李纲抗金。

李纲智勇双全，于靖康元年（1126）组织军民英勇杀敌，打退了金兵，保住了汴京。

宋钦宗为人懦弱无能，优柔寡断。后来，他竟听从奸臣谗言，罢免李纲，向金人求和。于是，金兵趁此机会于靖康二年（1127）南下，渡过黄河攻破汴京，北宋灭亡了。

这年三月底，金帝将徽、钦二帝连同后妃、宗室、宫女、百官数千人，以及教坊乐工、技艺工匠、法驾、仪仗、冠服、礼器、天文仪器、珍宝玩物、皇家藏书、天下州府地图等押送北方，汴京被掠一空。

这年五月，宋康王赵构在南京（今河南省商丘市）称帝，史称宋高宗。

宋徽宗在北上途中受尽了凌辱，爱妃王婉容等被金将强行索去。

到金国上京后，金太宗令宋徽宗和宋钦宗穿着丧服去谒见金太祖完颜阿骨打的庙宇，这是金太宗的献俘礼。

金太宗封宋徽宗为昏德公，宋钦宗为重昏侯，关押于韩州(今辽宁省昌图县)，后又迁到五国城(今黑龙江省依兰县)囚禁。

金天会六年（1128）七月，金太宗下诏追击逃往扬州的宋高宗。金军兵分二路，一路由完颜娄室统领攻打陕西，一路由左副元帅宗翰与右副元帅宗辅合兵进攻扬州。

天会七年至八年，金军继续追击宋高宗，渡过长江，攻入江、浙、湘、赣等地。

辽金西夏——边域称雄

金军统帅完颜宗弼率领的先头部队直取临安（今浙江杭州）、越州（今绍兴）、明州（今宁波），一直追到昌国（今定海）。由于江南军民的顽强抵抗，再加上女真族将士不适应江南的水土和气候，没有追上宋高宗。

金军在江南大肆掳掠之后，满载而归，向北撤军，江南经济遭到了严重的破坏。

完颜娄室在陕西攻陷了不少城邑，但仍无法制伏当地的汉族军民。

金天会八年（1130），金太宗令右副元帅宗辅专征陕西，刚从江南北撤的完颜宗弼军也随征陕西。

金天会十一年（1133），陕西大部分被金军攻克，金国占据黄河流域，南北两朝的势力范围大体形成了。

中国古代乱世王朝

北宋灭亡后，金太宗进行了经济改革，下诏在女真旧地实行赋税制，不得私役百姓；规定权势之家不得买贫民为奴；多次下诏鼓励农耕，还派遣使臣到各地劝农。他本人能以身作则，非常节俭。

金太宗统治期间，完善了金朝的各种典章制度。实行科举制度，录用汉人为官，奠定了金王朝的立国规模。

金太祖时期，因战争频繁，未修建宫殿。金太宗即位后，于天会二年(1124)命汉人卢彦伦主持修建都城，即上京。都城由两个长方形组成，城墙周长11公里。南面城墙模仿唐城样式，有三门洞过梁式城门，左右侧门分别叫桃源洞和紫极洞。城门后营建一处壮丽的皇宫，由乾元、明德等宫殿组成，其中的乾元殿规模最大。

天会十三年（1135），金太宗病逝，在位12年。

（三）金熙宗

金熙宗完颜合剌，汉名完颜亶，是金太祖的嫡孙。

金熙宗自幼随辽国进士韩昉学习汉文经史，又常到皇家图书馆稽古殿研读中原典籍。因此，他的汉文化程度很高，能同昉等人赋诗唱和。

宋高宗时，完颜宗弼南渡长江，搜山检海，要活捉宋高宗。在南宋名将韩世忠的顽强抵抗下，完颜宗弼在黄天荡几乎全军覆没。在这种情况下，主和派乘金熙宗刚即位，羽翼尚未丰满之时专揽朝政，答应将河南、陕西归还宋朝，理由是金兵南渡作战容易吃亏，把宋军引向北方战场更易于消灭。完颜宗弼坚决反对这种做法，发誓将来要出兵重新收复河南、陕西。

天眷三年(1140)五月，金熙宗下令出兵，分两路南侵。由于宋朝奸臣当道，不到两个月金军便夺占了河南、陕西，与南宋划淮而治。

金熙宗皇统元年(1141)，完颜宗弼最后一次统兵南下，声言要渡江伐宋，以恐吓手段迫使南宋主动提出议和。于是，宋金签订了《绍兴和议》，和议内容如下：宋向金称臣；划定疆界，东以淮河中流为界，西以大散关（今陕西省宝鸡市西南）为界，宋割唐(今河南省唐河县)、邓（今河南省邓州市）二州及商（今陕西省商县）、秦（今甘肃省天水市）二州之大半给金国；南宋每年向金进贡白银 25 万两、丝绢各 25 万匹。

金熙宗在位 15 年，政治稳定，军事强大，社会经济有很大的发展，上京有大量的财富，有众多的工匠。人力、物力、财力一样不缺，这就为上京的扩建创造了条件。金熙宗一声令下，宫殿建筑工程开始了。

金熙宗扩建后，皇城金碧辉煌，水路、驿路四通八达。

金朝建立以前，女真人没有文字。金天辅三年(1119)，完颜希尹和叶鲁创制了女真字，称作女真大字。金熙宗即位的第三年，即天眷元年(1138)，金熙宗又创造了女真字，称作女真小字。这两种女真字都是仿汉字和契丹字创制的，成为金朝官方文字，与契丹字和汉字在金国境内通用。金国用女真字撰写国书、谕令和文告，并设学校教女真字。

金国建立初年，朝廷上下保持着一种较为淳朴的风尚，君臣之间不太注重礼仪，尊卑界限不太严格，这对皇帝实行君主专制是不利的。金天眷二年(1139)三月，金熙宗命百官详定仪制，在宗庙、社稷、朝参、车服、祭祀、尊号、谥法、仪卫及官禁制度等方面进行了大量的建设，表现出皇帝至高无上的尊严。

金熙宗即位后，开始尊孔，在上京建立孔庙，还亲自去拜祭，又封孔子的后裔孔璠为衍圣公。

金熙宗把大批的女真人迁入中原，女真屯田户星罗棋布地杂在汉人封建庄田之间，受到汉族封建经济和封建文化的影响，渐渐改变了女真旧俗。

金熙宗在位期间，开始时有宗干、宗弼辅政，他高枕无忧，过着雍荣华贵的帝王生活，依赖性极强。皇统元年(1141)宗干病逝，皇统八年(1148)，兀术病逝。这两人死后，金熙宗不知所措，惶惶不可终日，朝政日见荒疏。在无人管束的情况下，金熙宗骄奢淫逸，沉湎酒色，喜怒无常，嗜杀成性，以致众叛亲离。

皇统九年(1149)，金熙宗被金太祖庶长子宗干的二儿子完颜亮所杀。

（四）海陵王

完颜亮发动政变，杀了金熙宗，紧接着又假传圣旨，将金熙宗的亲信大臣完颜宗敏等人骗进皇宫杀死。完颜亮自立为帝，改年号为天德，史称海陵王。

完颜亮即位后，为了防止别人争夺皇位，杀死了太宗子孙完颜宗懿等 70 余人和大批贵族。

金熙宗在位时，保守派完颜宗贤主张州郡地方官员一律用女真人。海陵王则主张在女真贵族的控制下联合各族统治者共同维护金朝的统治，争取汉族地主士大夫的支持，对金朝的政治制度作了全面的改革。

海陵王巩固帝位后，曾颁布"求言诏"，声明上自公卿大夫，下至一般平民，都可以上书献策。好多人上书说上京远在一隅，多有不便，建议迁都燕京。海陵王采纳了这一建议，于金天德五年（1153）迁都燕京（今北京）。这年三

月，海陵王在盛大的仪仗队簇拥下，浩浩荡荡地进入燕京，大大提高了皇帝的威严，俨然汉家天子。这表明他在进一步接受汉文明。

金初皇帝承袭辽朝的"纳钵"制度，定期外出游猎，并建行宫，以保持女真讲武的传统。海陵王迁都后，在良乡和近郊射猎习武，在西南大房山建了行宫。

海陵王还在大房山营建山陵，把太祖、太宗的棺木从上京迁到这里安葬祭祀。

海陵王把被诛杀的女真贵族的女眷全部纳入后宫，以防止她们的反抗活动。

海陵王统一制度，加强中央集权后，又策划南侵宋朝，进而统一江南。海陵王问尚书令温都思忠："何时可以灭宋？"思忠回答："当以十年为期。"海陵王说："怎么这么久？我想以月计算。"思忠说："太祖伐辽还要数年，现在百姓厌战，师出无名，江淮溽热，不能久居，不能以月为期。"海陵王说："自古帝王统一天下，然后可为正统。"海陵王又召汉臣咨询，对李通说："朕要迁都汴京，加兵江左，使海内统一，卿意如何？"李通支持说："陛下英明，天时人事不可失。"翟永固则反对说："燕都刚修成几年，岂可再营建汴京！江南厚币尽礼，岂可无名出师！臣以为二事俱不可。"

海陵王执意灭宋，整军南下，进入汴京。这时，北起上京，南到黄河，各族人民纷纷起义，如火如荼，金国的统治开始动摇了。

金太祖之孙完颜雍是宗辅之子，时任东京（辽宁省辽阳市）留守，在女真贵族中很有声望。

金正隆六年（1161），海陵王从辽东征调大批女真兵南下侵宋。女真兵大多不愿南下，行至山东时，有一万多人中途叛变，逃回辽阳。领兵的完颜福寿与完颜谋衍等在辽阳发动政变，拥立完颜雍为帝，史称金世宗。金世宗下诏废黜海陵王，改元大定。

海陵王闻讯后，仍率军继续进兵，到和州指挥作战。宋兵来战，兵部尚书耶律元宜击退宋兵，斩首数万。海陵王驻军江北，指挥渡江时，宋中书舍人虞允文率军驻于采石镇，出兵迎战，金军败退。海陵王还军和州，进驻扬州。

这时，金世宗在东京的政权逐渐巩固，中都留守阿琐等表示响应，金世宗遂迁到中都。

这时，进攻四川的一路金兵和由海路进军的一路金兵相继被宋军打败，海陵王孤军作战，金军士气低落。

耶律元宜率领将士袭击海陵王营帐，海陵王被乱箭射死。海陵王统一江南的计划彻底破产了。

（五）金世宗

金世宗即位后，继续任用海陵王时的文武官员，并极力争取女真贵族的支持。

金世宗不计前嫌，唯贤是用，很得人心。金大定年间（1161—1189），朝廷形成了一个精干的统治核心。核心成员中有在海陵王时身居高位的人，有反对过金世宗的人，有资历浅的人，有出身低的人。金世宗依靠这个核心中的女真贵族和汉族知识分子实行了政治、经济、文化方面的改革。

为了保证政治上的清明，金世宗极其重视对官吏的考核。他评定官吏的标准是看政绩的好坏，好的升迁，坏的除名，赏罚分明。他通过三条途径考察官吏：一是亲自巡行，二是派使臣专程视察，三是鼓励各地官吏和百姓上书言事。

金世宗不但任用原有的知识分子做官，而且还注意培养女真族的知识分子。大定初年，张浩因年老多病，多次请求辞官，金世宗极力挽留，让他不必每日上朝，即使上朝也为他设了专座。一天，有人提议罢除科举，金世宗问张浩："自古帝王中有不用文学之士的吗？"张浩回答说："有。"金世宗问道："谁啊？"张浩回答说："秦始皇。"金世宗环顾左右说："难道要把我当做秦始皇吗？"此后，科举取士的办法不但没有废除，反而得到充实了。

宋孝宗即位后，立志光复中原，恢复岳飞谥号"武穆"，追封岳飞为鄂国

公，剥夺秦桧的官爵，命令老将张浚率军北伐。不料，张浚出师不利，在符离遭遇金军阻击，大败而归。金军乘胜追击，南宋军队损失惨重。宋孝宗被迫于隆兴二年（1164）和金国签订"隆兴和议"。金世宗作出了让步，改宋向金称臣为称叔，而且将岁贡改称岁币，并减少了银绢的数量，隆兴和议使金宋保持了40多年的和平。

这时，北方的蒙古族勃然崛起，金世宗认为这是金国的心腹之患，他经常派兵去"减丁"，就是消灭一部分精壮的男子，并且还修筑了壕堡，保护中

中国古代乱世王朝

原文明不受侵害。

海陵王为了攻宋，增加了许多杂税，有菜园税、房税、养马钱等。金世宗时南北议和之后，宰相宗尹奏请罢去杂税，金世宗立即准奏。

为了进一步与民休息，金世宗实行了"通检推排"的经济措施，即国家派遣官吏到全国各地清查土地，核实财产，清查各户的人口、土地、车马、资财，核定其财产总额，克服了以往征派赋税不均的情况，促进了政府对户口的控制，平均了赋税，有效地抑制了富户逃避赋税的现象，增加了财政收入。

金世宗在位时，上下相安，家给人足，仓廪有余，因而被史家称为"小尧舜"。

金世宗在位时，商业、畜牧业、农业和手工业的恢复和发展使金朝商业日益繁盛。建国初年，各地的商业发展极不平衡。女真族原住地无市井，买卖不用钱，唯以实物互相贸易。金世宗时，商品交换逐步发展，铜钱、交钞增加了发行量，银铤的使用也日见增多。官府将白银铸成银铤，每铤重五十两，值铜钱一百贯，民间往往将银铤截成小块流通使用。

金世宗设立译经所，用女真字翻译汉文经史。金大定二十三年（1183），译经所进呈《易经》、《尚书》、《论语》、《孟子》、《老子》、《扬子》、《文中子》、《刘子》及《新唐书》的女真译本。金世宗说："朕之所以下令翻译五经，是要女真人知道仁义道德之所在。"

随着汉语的通用，女真贵族大多已能认识汉字，汉字书籍在女真族中广泛流行了。

金大定二十九年（1189），金世宗病逝。

（六） 金章宗

金世宗病逝后，其孙完颜璟即位，史称金章宗。金章宗在位20年，对金朝的发展和繁荣作出了很大贡献。

金章宗生长于金世宗执政的金朝盛世，祖父的文韬武略他自幼耳濡目染，对儒家文化能融会贯通。金章宗即位前曾熟读《尚书》、《孟子》，认为这两部

书是"圣贤纯全之道"。即位后，他下旨在上京修孔庙，廊庑全用碧瓦，石柱雕刻龙纹，建厅堂、庙学等四百多间。金章宗又下诏让各州县建孔庙，避孔丘名讳，使孔子在金国被抬高到和宋朝相同的地位。

金章宗是金国历史上汉文化程度最高的皇帝，诗词创作很多，又爱好书法和绘画。他在朝中设立书画院，搜集散佚的书籍和书画珍品。

金章宗继续推行祖父的仁政，解决了奴隶"二税户"的历史遗留问题。这些奴隶过去既要向国家纳税，又要向寺院交租，地位最为低下。随着封建制的发展，奴隶制的存在已成为发展生产的严重障碍。经过金章宗的努力，绝大多数奴隶变成了平民。

金章宗加强官制改革，为适应形势和需要，又设立了许多新的机构。

金章宗在法制建设方面取得了很大的成果，对于巩固政权，安定社会，发展经济，维护统治阶级利益起到了很大的作用。

金章宗继承金世宗大定盛世，最后完成了女真社会的封建化，进入金朝最为繁荣昌盛的历史时期。金章宗一朝经济发达，府库充实，天下富庶，人口增长，被史家评为"宇内小康"。

金章宗末年，外患不断，蒙古兵不断侵金。

外患不断，内忧又起。自大定二十九年(1189)至明昌五年(1194)，黄河三次决口，泛滥成灾，大批农民死于水患。

金国对外作战的军费与日俱增，赋税收入却急剧减少，财政入不敷出，只得大量发行交钞纸币，造成社会经济紊乱。

金章宗时期虽然是金国发展的极盛阶段，同时也是金国由盛转衰的转折期。

泰和八年(1208)十一月，金章宗病逝，其叔父完颜永济即位，史称卫绍王。

（七）卫绍王

卫绍王是金世宗第七子，即位后金国政治日益腐败，而蒙古迅速强盛起来，

中国古代乱世王朝

多次打败金军。

蒙古乞颜部酋长铁木真于金明昌七年（1196）帮助金国击败鞑靼，接受金朝"扎兀惕忽里"的封号，向金国进贡。此后十年间，铁木真先后征服了蔑儿乞、鞑靼、克烈和乃蛮等部。金泰和六年（1206），铁木真建号成吉思汗，在斡难河之源建立蒙古汗国。

卫绍王即位后，于金大定二年（1210）传诏蒙古，成吉思汗拒不奉诏。

次年二月，成吉思汗聚众誓师，自克鲁伦河南下，向金国发动了大规模的战争。

这年九月，蒙军攻陷德兴府。十月，打到缙山县，离中都（今北京）只有180里了。居庸关守将闻风而逃，蒙古统帅哲别率军入关，前锋直指中都。

金大定三年（1211），蒙古西路军攻陷云中等州，从西和西南威胁金朝的西京（今山西省大同市）。西京留守胡沙虎在强敌压境的关头竟弃城而逃，率领7000精兵东走。

居庸关失陷后，中都城内外居民惊慌奔走，卫绍王下令戒严，不准男子出城。

这年十二月，蒙古军攻打南顺门，完颜天骥设计巷战，引诱蒙古骑兵入城，在街上满布拴马桩。蒙古骑兵入城后，难以驰骋。金兵埋伏在街道两侧，天黑时纵火，街狭屋倒，蒙古军死伤无数，被迫退军。

完颜天骥战死后，完颜律明继续领兵守卫。蒙古兵攻打内城，金军自城上射击，蒙古军败退，中都暂时保住了。

金崇庆元年（1212）秋天，成吉思汗整顿军马，再次大举南侵，亲自领兵攻掠昌、桓、抚等州。这三州较为富有，蒙古军掳掠了大批财物人畜，随后又乘胜攻打西京。金国元帅左都监奥屯襄领兵救援，全军覆没。抹撚尽忠在西京坚守，成吉思汗在攻城时身中流矢。蒙古军攻城不克，只好撤回阴山。卫绍王因抹撚尽忠保卫西京有功，特地给他连升三级，赐金百两、银千两，进拜尚书右丞。

金崇庆二年（1213），秋高马肥时，成吉思汗在阴山脚下会合东西两路兵马，再次出兵侵掠金国。

成吉思汗为首的蒙古奴隶主在几年来的对金作战中，一直以掳掠奴隶、财物和牲畜作为战争目标。攻下城邑后，便大肆屠杀掳掠，并不派兵占领。因此，蒙古兵退去后，这些城邑又被金国收复。

这次，成吉思汗仍循旧路进军，先后攻下宣德州、德兴府，进兵怀来。金相完颜纲领兵至怀来，与成吉思汗大军展开激战，金兵大败。经此一战，金军精锐几乎全部覆灭，损失惨重。

蒙古军乘胜追至北口，进攻居庸关。金兵在居庸关设险坚守，成吉思汗留哲别等在居庸关前驻扎，亲率大军向中都以南地区掳掠。

在半年中，蒙古铁骑踏遍了华北大平原，只有中都、通、顺、真定、清、沃、大名、东平、德、邳、海州等11城未被攻下。蒙古军仍不驻兵占领这片广大地区，也不从南方去包围中都，而只是把各地的金帛、人口、牲畜席卷而去。蒙古兵掳掠了大批民众和财货后，又来到中都城北。驻守居庸关北口的金将讹鲁不儿投降蒙古，蒙军入关进围中都。

放弃西京逃跑的胡沙虎逃回中都后，卫绍王不予问罪，将其罢归田里。

金崇庆二年（1213），卫绍王又要起用胡沙虎抗蒙。丞相、参知政事、左谏议大夫等纷纷反对，卫绍王不听，命胡沙虎担任右副元帅，率领武卫军5000人驻守中都城北。蒙古军逼近后，胡沙虎只知游猎，不部署军队抵抗。卫绍王派使臣到军中问责，胡沙虎竟决计谋反。胡沙虎等在8月25日黎明前领兵回中都，冲进宫中，劫持卫绍王出宫后，让太监将其杀死。

胡沙虎自称监国都元帅，到彰德迎金世宗的孙子完颜珣入中都即位，史称金宣宗。

卫绍王在位5年，为人优柔寡断，没有安邦治国之才，不会用人，忠奸不分，最终招致杀身之祸。

（八）金宣宗

金宣宗即位后，遣使向蒙古求和。成吉思汗不想消灭金国，只想掳掠奴隶和财物。金宣宗接受了他的要求：献童男童女各500，绣衣3000件，御马3000匹和大批金银珠玉。议和后，金宣宗把卫绍王的女儿岐国公主献给成吉思汗，以表示对蒙古的屈服。和议告成，垂危的金朝度过了一次危机。

蒙古退兵后，金宣宗慑于蒙古铁骑的威力，想要迁都。左都监说："今虽议和，万一蒙古铁骑再来，我们还要被困。不如迁都汴京，那里南有淮水，北有黄河，西面可以依靠潼关防守。"左丞相持反对意见，他说："车驾一动，北路就都要失守。现已讲和，应聚兵积粟，固守京师，此乃上策。"宗室霍王也反对迁都，他说："祖宗宗庙都在燕京，岂能弃之而逃？"金宣宗说："燕京缺粮，不能供应朝廷。百官和诸军可暂住南京，等一两年后粮储丰足了再回来也不迟。"元帅府经历官说："河南地狭土薄，如果

宋、夏交侵，河北之地将会失去。陛下应当选诸王分镇辽东、河南，不能离开中都。"太学生赵П等四百人上书极陈迁都之害，金宣宗一概不听。

金贞祐二年（1214）五月十七日，金宣宗用骆驼三千匹满载宫中历代珠宝，用车三万辆载运文书档案，向汴京进发。十八日，金宣宗离开中都，踏上了迁都之路。金宣宗放弃中都，踏上的是灭亡之路。

金宣宗迁都之举极大地动摇了人心，朝中将领和契丹、汉族军吏纷纷叛金降蒙。成吉思汗从降蒙的金国将士那里得知金宣宗南逃的消息，看清了金国的腐败无能。

金贞祐三年（1215）初，蒙军再次兵临中都城下。五月，蒙军开进了中都。

面对蒙古军的严重威胁，金宣宗轻信总揽朝政的尚书右丞相术虎高琪等人的建议，下诏进攻南宋。在攻宋战争中，金军到处遇到顽抗。宋军咬住金军不放，使金军两面受敌，损失惨重。

金宣宗在位 12 年，虽有励精图治之志，但无拨乱反正之才。朝廷入不敷出，他竟大量发行钞票，造成金国经济濒于崩溃。

金元光二年（1223）12 月，金宣宗病逝。

（九）金哀宗

金宣宗病逝后，第三子完颜守绪即位，史称金哀宗。

面对蒙古铁骑入侵，金哀宗力图振作，即位后进行了大刀阔斧的改革。他破格录用人才，起用完颜合达、完颜陈和尚等女真卓越将领，起用胥鼎等文武双全的致仕官员，组织军队与蒙军厮杀。

金哀宗改变金宣宗时对西夏、南宋的政策，与西夏、南宋停战和解，专力对付蒙古。

在金哀宗及大臣、将士的努力下，金朝抗蒙战争形势一度有所好转。金正大五年（1228），在大昌原之战中，完颜陈和尚以金军四百骑大破蒙军八千之众，取得大捷。

但是，金国的国势早已积重难返，金哀宗虽苦苦尽力，但终是独木难支，无力回天了。

金正大九年（1232）正月，金蒙双方大战于钧州三峰山，金军主力丧失殆尽，良将全部阵亡，再也无力与蒙军抗衡了。

蒙军乘胜前进，迅速包围汴京。金军坚守将近一年，城内瘟疫流行，粮食用光，从各城门运出的死者竟有 90 余万人。

这年十二月，金哀宗突围而出，北渡黄河后走投无路，最后又南渡黄河奔往归德（今河南省商丘市）。

金天兴二年（1233）六月，归德形势危急，金哀宗又逃往蔡州（今河南汝南）。

蒙古大将史天泽一路紧追不舍，在蒲城歼灭了完颜白撒的八万精兵后，随即进兵围困蔡州。

这年八月，蒙古召请宋军攻破唐州（今河南

中国古代乱世王朝

唐河）。金哀宗想和宋军联和抗蒙，派使者向宋理宗说："蒙古灭国四十而及西夏，夏亡及我，我亡必及宋。唇亡齿寒，自然之理，请准宋金共破蒙军。"宋理宗没有答应，他要助蒙灭金，以雪靖康之耻。

这年十一月，宋将孟珙、江海率军二万与蒙军合围蔡州。

天兴三年（1234）正月，蔡州已被围三个月，城中粮尽。初九这天深夜，金哀宗已知亡国之日将至，不愿当亡国之君，便下诏禅位于宗室完颜承麟。完颜承麟执意推辞，金哀宗苦苦哀求说："朕身体肥胖，不能策马出征，万一城陷必难突围。你身体矫健，又有雄才大略，望你有幸逃脱，延续国祚。"完颜承麟见金哀宗这样说，觉得实在不能再推辞了，只好答应即位。

天明，完颜承麟受诏即位，正在举行即位大礼时，宋军攻破南门，蒙军攻破西门，金军展开了激烈的巷战，杀声震天。金军将士顽强抵抗，几乎全部战死，余者也都自杀殉国。金哀宗见状，自缢于幽兰轩，享年37岁。

完颜承麟闻知金哀宗死讯，率群臣哭奠，葬礼未毕，蒙军已至，只得退保子城。不久，完颜承麟死于乱军之中，史称金昭宗，金国至此灭亡了。

辽金西夏——边域称雄

四、西夏

（一）夏景宗

西夏的缔造者是李元昊，李元昊的父亲李德明史称夏太宗。夏太宗虽向宋、辽称臣，对内则完全是帝王气派，倾其兵力向河西走廊发展，南击吐蕃，西攻回鹘，开疆拓土，渐渐具备了立国规模。

宋真宗天禧三年（1019），李德明选定怀远镇（今宁夏银川）为都城，改名兴州。

宋仁宗天圣四年（1026），甘州（今甘肃省张掖市）回鹘叛辽，辽军进攻甘州，李德明出兵助战，不能取胜，随辽国退兵。

天圣六年（1028），李德明之子李元昊领兵攻下甘州，又乘胜攻下西凉府（今甘肃省武威市），取得对回鹘作战的重大胜利。

李德明仿宋朝制度，立李元昊为皇太子。天圣八年（1030），瓜州回鹘可汗贤顺也率部投降。李元昊战胜回鹘，使党项的历史进入了一个新时期。

在党项历史转变时期，朝中贵族中出现了两种不同的主张。李德明主张继续维持现状，依附宋朝。他说："我族有三十年不穿皮毛，而能穿锦衣绮服，这都是亲宋的好处。"李元昊则说："穿皮毛，勤畜牧，是我们本来的习俗。英雄当成霸业，何必穿锦绮？"

当时，党项贵族接受宋朝的赏赐，部落居民却十分穷困，矛盾日益尖锐。李元昊对父亲说："我们所得宋帝赏赐只归自己，而众多的部落却很穷困。我们失掉了部落，如何自守？不如拒绝朝贡，练兵备战，力量小可以去掳掠，力量大还可以夺取疆土，上下都能富裕，岂能只顾自己。"

甘州由回鹘人的手中落入李德明手中后，李德明控制了河西走廊，打通了与西域（今新疆及中亚一带）通商的大道。此

前，来自西域的珠宝等都要经由回鹘人转手贩卖到北宋与辽国，从而获取大量的贸易利润。李元昊击败回鹘并夺取甘州之后，就改由西夏占领丝绸之路，独占其贸易之利了。

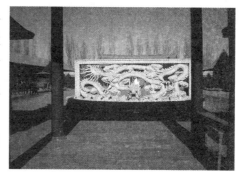

宋仁宗明道元年（1032），夏太宗病逝，其子李元昊即位，史称夏景宗。

夏景宗即位后，继续统率党项部落向吐蕃、回鹘进攻，疆土不断扩大，统治区域东到黄河，西到玉门，南到萧关，北到大漠，占有夏、宥、银、会、绥、静、灵、盐、胜、威、定、永、甘、凉、瓜、沙、肃等州的广大区域。

地域扩大后，外族人大量涌入，俘获的奴隶急剧增加，需要建立一个国家统治机关。为了保护党项奴隶主贵族的利益，统治奴隶和各族人民，建立国家的要求日益迫切，条件也日益成熟了。

在这种情况下，夏景宗决定建国，脱离宋朝统治，抛弃李姓，自称嵬名氏。

夏景宗还颁布秃发令，推行党项的传统发式，禁用汉人风俗，不许结发。他首先剃光头发，然后下令境内，所有人三日之内必须剃光头发，否则杀头。

第二年，夏景宗以避父讳为名，改宋明道年号为显道，开始了西夏自己的年号，又把兴州升为兴庆府，扩建宫殿和宫城，作立国的准备。

在其后的几年内，夏景宗立文武班，定兵制，立军名，创造自己的民族文字—西夏文。

夏景宗建国前，遭到了守旧贵族的反抗。宋仁宗景祐元年（1034），母家卫慕氏的族人谋杀夏景宗。夏景宗将母族全族处死，并鸩杀了亲生母亲。

宋仁宗景祐五年（1038），李元昊称帝，建国号大夏。

消息传到汴京，宋廷君臣极为愤怒，双方关系正式破裂。

此后数年，夏景宗相继发动了三川口之战、好水川之战、麟府丰之战、定川寨之战等四大战役，歼灭宋军西北精锐部队数万人。

夏景宗每次出兵前，先与各部将帅刺血盟誓，然后外出射猎，猎获野兽，烧烤后环坐而食，共议战守之策，择善而从。

夏军连战皆捷，宋仁宗为了息兵安民，不得不妥协。夏、宋通过往来交涉，于宋仁宗庆历四年（1044）达成协议，宋朝接受西夏提出的条件，册封李元昊为夏国主，夏对宋仍称臣。宋每年赏给夏国绢十三万匹、银五万两、茶二万斤。此外，在各大节日和夏景宗过生日时，另赐银二万两，银器二千两，绢、帛、衣着等二万三千匹，茶一万斤。宋、夏恢复往来贸易。

夏国经过连年征战，终于获得了宋朝的承认。

夏景宗极其好战，对儒学十分反感。其长子宁明爱好儒、道，夏景宗对此特别厌恶。一天，夏景宗问宁明："什么是养生之道？"宁明回答："不嗜杀人。"夏景宗又问："什么是治国之术？"宁明回答："莫善于寡欲。"夏景宗大怒道："你说话不伦不类，不是成霸业的材料。"

原来，西夏建国后正需要巩固和发展奴隶制，进行大规模的掳掠，主张仁爱的儒学和主张清静无为的道学当然不适合西夏的需要了。

夏景宗称帝前，曾娶辽兴宗的兴平公主为妻。婚后两人不睦，公主忧郁而死，辽兴宗兴兵问罪。西夏天授礼法延祚七年（1044），在河曲之战中，西夏大军击败了辽兴宗的十万精锐部队，辽兴宗不得已求和，从而奠定了宋、辽、夏

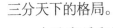

三分天下的格局。

大败宋兵和辽兵之后，夏景宗日益骄纵，不可一世，甚至将儿媳纳为妃子。

西夏天授礼法延祚十一年（1048）元宵节，因夺妻之恨，宁令哥在别人怂恿和挑拨下挥刀弑父，将夏景宗的鼻子削掉。次日，夏景宗血尽而死，时年46岁。

（二）夏毅宗

夏景宗死后，其子谅祚即位，史称夏毅宗。

这时，夏毅宗只有两岁，其母没藏太后和太后的叔父没藏讹庞掌握了朝政。

没藏讹庞身为国相，却飞扬跋扈，为非作歹，盛气凌人，强夺百姓土地，总揽朝中大权，臣民敢怒而不敢言。

夏毅宗12岁时，没藏讹庞父子阴谋刺杀夏毅宗。讹庞的儿媳梁氏密告夏毅宗，夏毅宗在大将漫咩的支持下擒斩讹庞父子，一举夺回政权，又处死讹庞之

中国古代乱世王朝

女没藏皇后，迎娶梁氏为皇后，以梁皇后之弟梁乙埋为国相。

夏毅宗执政后，实行了一系列的改革。

西夏奲都五年（1061），夏毅宗命令国人不再使用党项蕃礼，改用汉礼，并派使臣向宋仁宗上表报告。

次年，夏毅宗遣使向宋仁宗献马 50 匹，请求换取九经及《册府元龟》。宋仁宗退还马匹，将书交由西夏使臣带回。

西夏拱化元年（1063），夏毅宗改用汉姓，仍用唐朝所赐的李姓。

西夏与宋麟州交界地带有七十里无堡寨，地处屈野河西，土地肥沃。没藏讹庞执政时令夏民侵耕其地，收获全归讹庞。讹庞被处死后，夏毅宗派官与宋朝议定后，恢复了旧界，在边界地带设立堡寨，两方都不得再在边地耕作。过去，夏、宋连年因边地冲突停止了贸易。地界划定后，又恢复互市贸易了。

夏毅宗为巩固统治，增设官职，重用汉人担任各部尚书、侍郎、南北宣徽使等官。

夏毅宗喜欢与汉人相处，学习汉族文化，汉人在宋境犯罪的多来投附他。西夏拱化三年（1065），俘掳汉人学者苏立，授以汉官。陕西文人景询犯罪逃到夏国，夏毅宗让他参与国事。

夏毅宗亲政长达 7 年，通过他的努力巩固了西夏政权。

（三）夏惠宗

西夏乾道元年（1068），夏毅宗病逝，其子秉常即位，史称夏惠宗。

这年，夏惠宗年仅 8 岁，由太后梁氏执政，梁氏之弟梁乙埋仍担任国相，国家政权掌握在梁氏手里。

梁氏是蕃化的汉人，为了讨好党项奴隶主，笼络人心，争取他们的支持，于次年宣布废汉礼，改用蕃礼。夏国统治集团内部又一次发生了汉蕃两派的斗争。

梁氏执政后，为了提高威信，连年发兵进攻宋朝，但都战败了。国内生产遭到破坏，百姓生活更加困苦。梁氏屡战屡败，引起了国内贵族的不满。

西夏大安二年（1076），夏惠宗已经 16 岁了，开始亲政，但梁太后、梁乙埋仍握有朝中大权。

西夏大安六年（1080），夏惠宗在皇族支持下废蕃礼，改用汉礼。梁太后、梁乙埋及后族一系的贵族群起反对，夏惠宗不理。

夏惠宗在恢复汉礼的同时，执行与宋朝和好的政策，停止对宋地的掳掠。

西夏大安七年（1081）三月，汉人将军李清劝夏惠宗把黄河以南的不毛之地归还宋朝，夏、宋以黄河为界，与宋议和，以便在宋朝的支持下对付梁氏。

不料，还未等李清赴宋联系，梁太后就派亲信罔萌讹等将其诱杀了。随后，太后把夏惠宗囚禁到离故宫五里左右的兴州木寨中，还聚集人马斩断河梁，使夏惠宗不能与外界互通消息，完成了后族向皇族发动的夺权政变。

夏惠宗被囚后，各地拥护皇族的将领拥兵自重，不听梁氏的统治，夏国内部出现了分裂。

西夏保泰军统军禹藏花麻请求宋朝出兵讨伐梁氏，宋朝立即出兵五路进攻西夏。

夏兵在各路战败，梁太后向朝臣问计。一员老将献计说："不必出战，只要坚壁清野，纵敌深入，把精兵集结在兴、灵二州。再派轻骑抄敌后路，断其粮道，宋军无粮，不战自溃。"

梁太后采纳此计，调十万精兵驻守兴州要害之地。宋军围困灵州，夏兵出截宋军粮道，宋种谔、王中正等部都因无粮溃退。

宋高遵裕部围困灵州十八天，梁太后令夏兵决黄河水灌宋营，宋兵冻溺而死者不计其数，余者败退宋境。

宋兵进军时，曾攻入银、夏、宥三州，但无力驻守。

西夏大安八年（1082）九月，宋神宗命给事中徐禧在三州界的永乐川下棣筑永乐城，企图困扼兴州。徐禧率军急建，19 天建成。夏国统军 30 万伺机而动，见宋军建成永乐城后，立即发起猛攻，切断水源，宋兵大败，徐禧等将败死。永

乐城被攻陷，宋兵和民夫损失近 20
万，夏国取得了重大胜利。宋神宗闻
讯，临朝大恸，引得满朝一片哭声。

夏国连年对宋战争，停止贸易，
给夏国经济带来了损害，以致物价上
涨，财政困乏。横山一带农民因战争
不能耕作，无衣无食。梁氏当权，拥
护皇族的将领心中不服，夏国的统治
长期不稳。

西夏大安九年（1083）闰六月，梁太后和梁乙埋等让夏惠宗复位，以缓和
国内的矛盾。

夏惠宗复位后，立即向宋朝上表言和，请宋朝恢复夏国旧疆，把战争中占
去的地区退给夏国，宋神宗不许。

西夏大安十年（1084），夏惠宗发兵 80 万围攻兰州，未能攻克，只好退兵。
后来，又几次出兵，均未能取胜，损失甚重。

西夏大安十一年（1085），梁乙埋、梁太后相继病逝。梁乙埋之子梁乙逋出
任国相，与大将仁多氏分掌兵权。

次年，夏惠宗病逝，其子乾顺即位，史称夏崇宗。

（四）夏崇宗

夏惠宗复位时，梁乙埋之女即梁乙逋之妹立为皇后，生下乾顺。梁太后晚
年得孙，疼爱异常，一有时间就将其抱在怀里。

夏崇宗即位时只有 3 岁，夏国政权落入梁乙逋和生母梁太后兄妹手中，皇
族嵬名阿吴和仁多保忠分掌兵权。嵬名、仁多和梁氏是夏国掌握军政的三大家
族，不停地相互倾轧。

夏崇宗即位后，梁氏继续发兵向宋朝进攻。梁乙逋专权，贵族间矛盾日益
尖锐。梁太后亲自出征，不让梁乙逋领兵。

梁乙逋对梁太后十分不满，企图阴谋篡权，兄妹之间展开了一场争夺权力
的你死我活的斗争。

西夏天祐民安四年（1094），夏国大将嵬名阿吴、仁多保忠等率领部众击杀梁乙逋，并将其灭族。

梁太后亲自掌握兵权，继续侵略宋朝。

西夏天祐民安六年（1096），梁太后和夏崇宗率军号称五十万，侵入宋朝鄜延路，攻陷金明寨，向辽国献俘。

次年，宋朝在好水川北筑城，号平夏城，以抵御夏国。夏人愤怒地说："我们唱歌作乐之地，都被汉家占了，以后怎么办？"

西夏天祐民安八年（1098）十月，梁太后领兵四十万，连营百里，尽全力进攻平夏城，昼夜不息。攻城十三日尚不能攻破，夏兵粮草渐尽。一天，大风骤起，攻城的冲车被风损坏，梁太后只好退兵。

梁太后兵败后，于十一月向辽国求援。辽道宗见其在国内不得人心，不肯给予支持，便于次年派使臣到夏国鸩杀梁太后，夏崇宗在辽国支持下开始亲政。

夏崇宗亲政后，对外采取依附辽朝和同北宋和解的方针，对内则全力巩固皇权统治，消灭统兵的贵族势力。

次年三月，辽朝派使臣萧德崇、李俨去宋朝，为宋、夏两国和解。十一月，夏崇宗派使臣到宋京上表，立誓永绝争端。宋哲宗同意和解，赐给夏崇宗银器五百两、衣着五百匹，并恢复战争年代停止的"岁赐"。

西夏永安二年（1100），夏崇宗向辽国请婚。西夏贞观二年（1103），辽国天祚帝许婚。西夏贞观四年（1105），辽国天祚帝封宗室之女南仙为成安公主，嫁给夏崇宗。从此，西夏更加依附辽朝了。

夏崇宗为了进一步巩固皇权统治，采用汉人封王的制度，将其弟弟察哥封为晋王，掌握兵权。察哥勇猛善战，是皇室中有谋略的大将。

西夏建国以来，一直存在着蕃学与汉学、蕃礼与汉礼之争。梁氏当权，废除汉礼，汉学也随之衰落。

夏崇宗亲政后，推崇儒学，御史中丞

中国古代乱世王朝

薛元礼上书说："士人之行，莫大于孝廉；经国之模，莫重于儒学。我国承平日久，文教不明，汉学不重，民乐贪顽之习，士无砥砺之心，应该提倡儒学，以正风俗。"于是，夏崇宗下令在蕃学之外特建汉学，称之为"国学"。国学设置教授，收学生三百人，由朝廷供给膳食和用品。汉族的儒学是维护封建统治的政治学说，西夏能接受汉族的封建文化，是民族的一大进步。夏崇宗大力提倡汉文化，夏国的风气为之一变。

有的贵族大臣对重文轻武的举措不满，御史大夫谋宁克任上书说："治法之要，不外兵刑。富国之方，无非食货。吾朝立国西陲，射猎为务。今国中养贤重学，兵政日弛，将不利于国家安全，请朝廷既隆文治，尤修武备。"

谋宁克任虽然看到了夏崇宗重文轻武的流弊，但夏崇宗不予采纳，继续提倡汉学。

西夏雍宁元年（1115），女真族首领完颜阿骨打在黑龙江畔建立金国，史称金太祖。

西夏元德元年（1120），金太祖攻陷辽国上京后，与宋朝约定：金兵攻取辽国中京，宋兵攻取辽国燕京。次年，夏崇宗派遣使臣到辽国，请求出兵攻取宋地，辽国天祚帝未同意。

西夏元德三年（1122）春，金兵攻陷辽国中京，进围西京。夏崇宗闻讯，派兵五千援辽。但夏兵未到时，西京已被金兵攻陷，辽国天祚帝逃入阴山。

五月，夏崇宗派大将李良辅领兵三万援助天祚帝，在天德击败金兵数万骑。六月，李良辅进军宜水，被金国完颜娄室、斡鲁联军大败。

次年，夏崇宗发兵救辽，被金兵阻道，不能前进。辽国天祚帝逃往云中，夏崇宗遣使臣去迎天祚帝，想接他到西夏。金兵攻陷云中，天祚帝逃入夹山。

这时，辽国即将灭亡，金将斡离不写信给夏崇宗说："辽国已亡，如果辽天祚帝去贵国，请擒送我军，我国皇帝当割地作为酬谢。"

西夏元德六年（1125）正月，夏崇宗奉表降金。金国把原属辽国的西北地区、阴山以南吐禄泊以西广大地区割让给夏国。三月，夏国向金国上表立誓，愿按事辽的旧例事金。金太宗十分高兴，降诏承认西夏为藩国。次年，金国灭辽，嫁给夏崇宗的辽国成安公主日夜悲哭，在宫中绝食而死。

西夏元德七年（1126）三月，夏崇宗依照金朝割地的许诺，进兵攻占天德、云中、武州及河东八馆地带。夏军在金兵侵宋时乘虚而入，宋朝在夏国边境上设的城堡陆续被夏国攻破了。

夏国不断拓土，疆域广阔，为建国以来所未曾有。

夏崇宗娶汉人曹氏之女，生子名仁孝；又娶宋降臣任得敬之女，立为皇后。

西夏大德五年（1139）六月，夏崇宗病逝，其长子仁孝即位，史称夏仁宗。

（五）夏仁宗

夏仁宗即位时 16 岁，任后和生母曹妃并立为太后。

这时，金国已经灭掉了辽和北宋。夏仁宗审时度势，决定与金国通好，承认其宗主国地位。为了和金国搞好关系，求得西夏的独立发展，夏仁宗每年都要派许多使者去金国朝贡。在夏仁宗一朝，向金国派使者约有 140 多次，差不多每年都有两次。如此频繁的外交活动正是为了和金国搞好关系，求得和平共处。

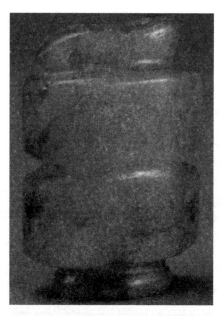

在求得金国的谅解和支持后，夏仁宗给西夏的经济发展提供了一个较为安定的环境。

在中国历史上，夏仁宗是一个比较有作为的皇帝，他制定《新法》，确立科举制和封建土地所有制。

夏仁宗提拔文化程度较高的党项和汉族大臣主持国政；设立各级学校，推广教育；实行科举，选拔人才。

西夏仁庆二年（1145），西夏模仿中原制度设立太学，夏仁宗亲临太学向先圣先师举行隆重的祭祀，对教师和学生分别给

中国古代乱世王朝

予赏赐。

夏仁宗尊崇儒学，大修孔庙，尊孔子为文宣帝。孔庙建得雄伟壮丽，如同皇宫一般。

西夏天盛（1147—1169）年间，颁行法典《天盛年改新定律令》，共分二十章，计1460条，其内容包括经济、刑法、诉讼、民事、婚姻、行政等。这是西夏最完整的法典，被国外学者称为"中世纪独一无二的法律文献"。

在金朝的支持和帮助下，夏仁宗粉碎了任得敬篡权分国的阴谋，把西夏政权从分裂的危机中挽救出来。

任得敬原为南宋西安州通判，当年西夏攻破西安州时，他投降了西夏。

任得敬把年方17岁的女儿献给年近60岁的夏崇宗为妃，又贿赂朝廷显贵及宗室掌权者，把女儿立为皇后。第二年，夏崇宗便病逝了。

夏仁宗即位后，封任氏为太后。夏仁宗即位不久，任得敬在平叛中立了大功，被封为西平公，跃居相位，控制了朝廷。

任得敬任人唯亲，滥用职权，引起群臣不满。天盛十二年（1160），任得敬进封楚王，出入仪从几乎和夏仁宗一样，但任得敬还不满足。西夏乾祐元年（1170），任得敬以兵权要胁夏仁宗将西夏国的西南路及灵州给他，让他自立一国。同时，他还胁迫夏仁宗派使臣到金国请求册封。金世宗拒绝了册封的要求，任得敬便与南宋秘密联络，要联合进攻西夏，推翻夏仁宗。南宋四川宣抚使虞允文派人携蜡丸密书回报，被夏兵俘获。夏仁宗得知密报后，立即诛杀任得敬。

夏仁宗勤政爱民，不懈努力，在内政外交诸方面取得了可喜的成就，促进了西夏的经济繁荣。

西夏国力强盛，连西域各国都很羡慕。天盛五年（1153）五月，西域回鹘派遣使臣到夏国贡献方物。

夏仁宗在位55年，其间是西夏的鼎盛时期。夏仁宗被称为西夏的中兴之主，受到官民的爱戴。

西夏乾祐 24 年（1193），夏仁宗病逝。其子纯祐即位，史称夏桓宗。

（六）夏桓宗

夏桓宗即位后，奉行夏仁宗时期的政治方针和外交政策，对内安国养民，对外和金附宋。

西夏和金国聘使往来不绝，天庆元年（1194），金国册封夏桓宗为夏国王。天庆四年（1197），在夏桓宗的请求下，金国允许复置保安、兰州二地榷场，与西夏互市。

夏桓宗仁慈恭俭，治国有方，朝中大臣多是清廉之士。

夏桓宗重视文教，朝中多饱学之士。天庆十年（1203）三月，夏桓宗举行科举考试，齐王彦忠之子遵顼唱名第一，考中了状元，夏桓宗令其承嗣齐王爵位。凉州人权鼎雄于天庆年间（1194—1205）考中进士，以文学知名于世，夏桓宗授他翰林学士。朝中有高氏三兄弟，德才俱佳，曾多次被夏桓宗派遣出使金国，不辱使命。这三人被金国称为"三俊"。

夏桓宗在位时，蒙古草原正在进行激烈的残杀。蒙古孛儿只斤乞颜部酋长铁木真战胜了泰亦赤兀场、塔塔尔和克烈等部，克烈部酋长脱斡邻的儿子亦剌哈桑昆逃入西夏。

西夏天庆十二年（1205），铁木真在消灭乃蛮部后，统率骑兵向西夏进军，追击亦剌哈桑昆。三月，铁木真攻入河西，纵兵至瓜、沙诸州掳掠。四月，蒙古军在退兵时途经落思城，大掠人口、牲畜而去。

夏桓宗对蒙古军的突然进攻束手无策，只得任其蹂躏。待蒙古大军撤退后，夏桓宗下令大赦，修复经战争被破坏的城堡，改都城兴庆府为中兴府，表示夏国经过大难之后，必将中兴之意。

夏仁宗之弟仁友在平定任得敬叛乱时立了大功，进封越王。仁友病逝时，其子安全请求承袭王爵，夏桓宗不准，将其降为镇夷郡王。安全大失所望，心生怨恨，竟萌发篡夺帝位之心。

天庆十三年（1206）正月，安全发动政变，废掉了夏桓宗，自立为帝。夏桓宗被幽禁起来，三个月后暴死，年仅 30 岁。

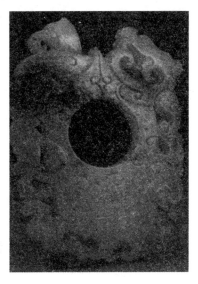

（七）夏襄宗

安全自立为帝后，改元应天，史称夏襄宗。

这年，铁木真在蒙古斡难河畔建国，称成吉思汗，开始了大规模的对外侵略战争。

夏襄宗即位第二年，蒙古兵再次侵入西夏，在西夏攻掠五个月后才退军。

西夏应天四年（1209），铁木真亲征，发动了第三次对西夏的军事入侵，直抵中兴府。蒙军引黄河水灌城，夏军死伤惨重，城墙即将坍塌，夏襄宗派使臣去金国求救，金国不予理睬。卫绍王对群臣说："敌人相攻，是我国之福。"

金国拒不出兵，中兴府危在旦夕，正巧这时蒙古人修的引水堤坝突然垮塌，大水反而淹了自己，于是铁木真同意了夏襄宗献女儿求降的申请。

成吉思汗获胜之后，转兵攻金，数年间占据了金国大片领土。金夏日益衰危，蒙古日益强大。

夏襄宗因金国不肯出兵相救，十分恼火，便于蒙军退走后，发兵万余骑进攻金国。两国关系破裂，从此开始了长达 13 年的夏金战争。这场战争使夏金两败俱伤，为蒙古灭夏、灭金创造了条件，更给两国人民带来了深重的灾难。

襄宗统治时期，西夏百姓十分贫困，而李安全自己却沉湎于酒色之中，整日不理朝政，政治腐败到极点，怨声载道。

西夏光定元年（1211），齐王李遵顼废掉夏桓宗，自立为帝，史称夏神宗。

（八）夏神宗

夏神宗自幼庄重，谦虚好学，博通群书，曾考中状元，精通汉族文化。

夏神宗即位后，改元光定，继续发兵侵金，搞得国内家破人亡，民怨四起，经济严重破坏，国势直线下降。

西夏投降蒙古后，备受蒙古的压榨和威胁。夏国每次出兵为蒙古作战时，都会遭到重大的伤亡，损失惨重。

光定七年(1217)正月，蒙古西征花剌子模，再次向西夏征兵，西夏不堪征调，拒绝出兵。

蒙古在这次西征中灭了西辽，回军后，成吉思汗以西夏不肯从征为由，于西夏光定八年（1218）率军进攻西夏，直抵夏都中兴府(今宁夏银川)，夏襄宗仓皇出奔西凉(今甘肃省武威市)，留太子德任留守中兴府。

夏神宗遣使请降，成吉思汗才退兵。

西夏光定十三年（1223），夏神宗派太子德任领兵侵金。德任说："金国尚强，不如与之讲和。"夏神宗说："这不是你懂得的事。"德任坚持联金，拒不领兵。四月，夏神宗废掉德任的太子位，把他囚禁在灵州。

这年，蒙古大将木华黎在山西闻喜病逝，其子孛鲁继续领兵。成吉思汗指令孛鲁准备领兵灭夏，夏国面临着亡国之祸，夏神宗附蒙侵金的国策彻底失败了。

眼看无法继续统治下去，夏神宗于光定十三年（1223）十二月在上下一片反对声中，不得不宣告退位，传帝位给次子德旺，自称"上皇"。

（九）夏献宗

德旺即位，史称夏献宗。

夏献宗即位后，改变国策，抗拒蒙古。

西夏在夏襄宗、夏神宗腐败统治下，早已病入膏肓，无可救药了。尽管夏献宗是个明君，有治国之才，但仍挽不回西夏覆灭的命运。

夏献宗打算趁成吉思汗西征之际抗击蒙古，不料机密泄露。西夏乾定二年（1224），蒙古攻克银州，夏兵数万人战死。蒙古俘获牛羊数十万，夏将塔海兵败被俘。夏献宗向蒙古投降，送人质，才得免亡国。

夏国经这次打击，决定变侵金为联金。这年十月，采纳右丞相高良惠之计，遣使去金国议和。次年八月，夏献宗派吏部尚书李仲谔、南院宣徽使罗世昌、尚书省左司郎中李绍膺等去金国定和议：金、夏约为兄弟之国，各用本国年号，双方相互支援。

这时，金国已处在亡国前夕，兵疲财尽，早已无力援助西夏抗击蒙军了。

成吉思汗自西域回到漠北后，见夏国不屈，再次出兵击夏。

西夏乾定四年（1226）春，成吉思汗亲领大兵自北路侵入夏境。

五月，蒙古军进攻肃州，夏军坚守不降。城破后，夏国军民都被蒙军屠杀。蒙古兵长驱直入，夏国连失城邑，64岁的上皇神宗病逝。

七月，夏献宗也惊忧而死。夏献宗的侄子李被拥立即位，史称末帝。

这时，夏国已处在灭亡的前夜，夏国军民虽然展开了抗蒙救亡的激烈战斗，但已无济于事了。

（十）末帝

西夏乾定四年（1226）十一月，成吉思汗亲率大军围攻灵州，夏末帝派遣老将嵬名令公驰援。

成吉思汗渡过黄河，指挥蒙军大举进攻。嵬名令公率夏兵迎战，战斗之残酷激烈，为蒙古兵所未曾见。西夏将士英勇抵抗，死伤惨重，但终敌不过蒙古铁骑，灵州被蒙军攻占了。

西夏宝义二年（1227），末帝被蒙古军围困在中兴府，外援断绝。右丞相高良惠激励将士，日夜坚守，积劳成疾。属下劝他自爱，他慨叹说："我世受国恩，不能卫国，敌人深入到如此地步，我活着还有什么用？"高良惠带病指挥抗敌，在四月间病逝了。

夏国痛失丞相，形势更加危险了。闰五月，成吉思汗到六盘山避暑，派使者察罕去中兴府劝末帝投降，被末帝拒绝了。

中兴府已被围半年，城中粮尽，军民大多病倒了。六月间，城中又发生了地震，宫室都被震坏了。

夏国粮尽援绝，走投无路，末帝只好向蒙古请降，要求宽限一月献城。

七月，成吉思汗在军中病逝。临死前留下遗嘱，让儿子们秘不发丧，以免西夏反悔。

李投降后，蒙古众将按照成吉思汗的遗嘱将其斩首。蒙古军冲入中兴府，开始屠城。西夏抗蒙军民遭到残酷的杀掠，党项族也被灭族了。

西夏立国 190 年，最后灭亡了。